最强大脑思维训练系列

优等生必学的语文思维

——打好语文基础

于雷 编著

清华大学出版社

北京

内 容 简 介

思维是人脑对外界客观事物的概括的间接反映。语文思维则是我们在与人交流、表达思想时所运用的技巧和思考方法,是判断一个人语文学习能力和语文运用能力的重要标准。

本书汇集了数百个有趣又有益的语文思维游戏,这一个个游戏,不仅可以让孩子学习语文知识和语文思维,还能增强他们的沟通理解和与人交流的能力。

本书封面贴有清华大学出版社防伪标签,无标签者不得销售。

版权所有,侵权必究。举报:010-62782989,beiqinquan@tup.tsinghua.edu.cn。

图书在版编目(CIP)数据

优等生必学的语文思维.打好语文基础/于雷编著.—北京:清华大学出版社,2021.3(2025.5重印)
(最强大脑思维训练系列)
ISBN 978-7-302-57232-9

Ⅰ.①优… Ⅱ.①于… Ⅲ.①智力游戏-青少年读物 Ⅳ.①G898.2

中国版本图书馆CIP数据核字(2020)第260644号

责任编辑:张龙卿
封面设计:范春燕
责任校对:赵琳爽
责任印制:刘 菲

出版发行:清华大学出版社
网　　址:https://www.tup.com.cn,https://www.wqxuetang.com
地　　址:北京清华大学学研大厦A座　　邮　编:100084
社 总 机:010-83470000　　邮　购:010-62786544
投稿与读者服务:010-62776969,c-service@tup.tsinghua.edu.cn
质量反馈:010-62772015,zhiliang@tup.tsinghua.edu.cn
印 装 者:涿州市般润文化传播有限公司
经　　销:全国新华书店
开　　本:185mm×260mm　　印　张:10.75　　字　数:249千字
版　　次:2021年5月第1版　　印　次:2025年5月第4次印刷
定　　价:49.00元

产品编号:090832-01

前言

　　语文是语言文字的简称,包括语言表达、文字书写的能力,也包括语言、文化及文学知识。语文包罗万象,是一门重要的人文学科,是人们相互交流思想的工具,也是学习其他学科和科学的基础。

　　一句话、一篇文章是由词语构成的,只有在准确理解词语意义的基础上,才能正确理解整句话、整篇文章。而词语的意义有单义和多义之分,单义词比较少,又比较单纯,所以要把理解的重点放在多义词上,这是我们交流和表达中避免歧义的关键。

　　面对浩如烟海的信息资源,我们该怎么提取、整合、创造呢?掌握正确的方法能使思路更清晰。

　　叶圣陶先生曾经指出:"思维训练是语文课的主要任务之一。"语文思维的训练和提高,可以有效地增强我们沟通、交流,以及分析、综合、比较、抽象和概括的能力。

　　本书收编了数百个世界上经典又有趣的语文思维游戏,包括猜谜语、对对联、加标点、写成语、讲幽默故事等,通过一个个游戏题目和带有问题的小故事,在满足孩子强烈的好奇心的同时,还能提高孩子们的理解力、分析力和判断力。

　　品字、词、句、段,练听、说、读、写,锻炼语言表达能力。激活潜力,释放思维。你既可以运筹帷幄、抽茧剥丝、去伪存真,最终洞察一切,又可以在快乐中轻松学习语文知识,变身语文达人。

　　一个人的智慧需要不断培养才会成熟,一个人的思维需要不断学习才会提高。因此,培养一个人思维的逻辑性是促进其智慧发展的关键。这些有趣的、缜密的语文思维游戏能够充实人的心灵,改变人的行为方式和思考方法,使一个人从平庸中走出来,步入杰出人士的行列。

　　游戏是孩子最好的老师!本书中的游戏形式轻松活泼、不拘一格,吸引孩子们快乐地学习。本书内容涵盖各个方面,还为孩子提供了许多开阔视野、开发智力的课外知识,使"鱼"与"熊掌"兼得。

　　还在等什么?愿你在书中玩出快乐,玩出创意,玩出能力,玩出智慧!

编著者
2021 年 1 月

目录

第一部分 悖论诡辩 1
1. 学费之讼 1
2. 苏格拉底悖论 1
3. 全能者悖论 1
4. 谷堆悖论 1
5. 罗素是教皇 2
6. 奇怪的悖论 2
7. 飞矢不动 2
8. 白马非马 2
9. 日近长安远 3
10. 子非鱼,安知鱼之乐 3
11. 我被骗了吗 3
12. 被小孩子问倒了 4
13. 我撒谎了吗 4
14. 自相矛盾 5
15. 打破预言 5
16. 机灵的小孩 5
17. 聪明的禅师 5
18. 狡诈的县官 5
19. 小红帽脱险 6
20. 借锄头 6
21. 锦囊妙计 6
22. 拿回零花钱 6
23. 希腊老师的辩术 7
24. 要钱币 7
25. 娶到公主 7
26. 都想要的苹果 7
27. 酒瓶 7
28. 吹牛 8
29. 挤公交 8
30. 财主赴宴 8
31. 父在母先亡 8
32. 禁止吸烟 9
33. 辩解 9
34. 立等可取 9
35. 赤心 9
36. 迷信的人 9
37. 遗传性不孕症 10
38. 修电灯 10
39. 运动员和乌龟赛跑 10
40. 冒险经历 10
41. 旅店的房费 11
42. 逻辑错误 11
43. 就要让你猜不到 11
44. 负债累累 12
45. 贪吃 12
46. 天机不可泄露 12
47. 修庙 12
48. 所罗门断案 12

第二部分 机智幽默 14
49. 一语双关 14
50. 不会游泳 14
51. 马克·吐温的道歉 14

52．以其人之道还治其人之身 15	86．擦皮鞋 23
53．找出匪首 15	87．一件旧大衣 23
54．火灾中逃生 15	88．中国人的幽默 23
55．怎样把水烧开 15	89．打棒球的男孩 24
56．幽默的钢琴家 16	90．割草的男孩 24
57．弥勒佛 16	91．将兵游戏 25
58．纪晓岚祝寿 16	92．习惯标准 25
59．善意的批评 16	93．《语文》 25
60．相互提问 17	94．地主的刁难 25
61．是否改变选择 17	95．捏面人 25
62．不咬人 17	96．聪明的男孩 25
63．机智的总统 17	97．买东西（1）................................... 26
64．卖梳子 18	98．他在干什么 26
65．裁缝的招牌 18	99．戏弄和珅 26
66．教子 18	100．没有写错 26
67．后生可畏 18	101．讽刺慈禧 26
68．哲学家的智慧 18	102．巧断讹诈案 27
69．灵机一动 19	103．幽默家的牌匾 27
70．老虎来临 19	104．华佗骂贪官 27
71．小孩与狗熊 19	105．办不到 27
72．聪明的兔子 19	106．超重 28
73．一休晒经 20	107．种金子 28
74．两个导游 20	108．让路 28
75．聪明的老人 20	109．纪晓岚的计谋 28
76．学问与金钱 20	110．巧记圆周率 29
77．阿凡提的故事 21	111．推销作品 29
78．进化论 21	112．解除尴尬 29
79．回敬 21	113．巴尔扎克的幽默 29
80．遇见上帝 22	114．演讲 29
81．岳母的刁难 22	115．讲故事 29
82．心灵感应 22	116．装睡 30
83．反驳 22	117．德政匾 30
84．你有什么了不起的 22	118．傲慢的夫人 30
85．谁比谁聪明 22	119．两堵墙 30

120．无法修改 30	152．猜字谜（6） 36
121．买东西（2） 30	153．猜字谜（7） 36
122．聪明的书童 30	154．猜字谜（8） 36
	155．水的谜语 36
第三部分 巧猜谜语 **31**	156．答非所问 37
123．招贤谜题 31	157．出门旅游 37
124．对哑谜 31	158．用谜语解谜语 37
125．生物课 31	159．聪明的杨修（1） 37
126．奇怪的顾客 31	160．聪明的杨修（2） 37
127．聪明的孩子 32	161．美食家 37
128．下一站去哪儿 32	162．见机行事 38
129．出差的地点 32	163．酋长的谜语 38
130．接头暗号 32	164．买水果 38
131．酒鬼的外甥 33	165．打哑谜 38
132．徐文长题字 33	166．巧猜谜语 38
133．牧童的谜语 33	167．猜名字 38
134．狄仁杰解难题 34	168．猜谜语（1） 39
135．摇钱树 34	169．猜谜语（2） 39
136．猜称谓 34	170．猜诗谜（1） 39
137．猜词语 34	171．猜十个字 39
138．猜文具 34	172．猜动物（2） 39
139．猜动物（1） 34	173．猜人名 39
140．猜植物 34	174．猜地名 40
141．数字谜语 34	175．符号猜字 40
142．郑板桥劝学 35	176．我是什么 40
143．两位老人 35	177．书童取物 40
144．巧骂财主 35	178．奇怪的字谜 40
145．情侣问路 35	179．猜谜语（3） 40
146．秀才猜字 35	180．影射 41
147．猜字谜（1） 36	181．这个字读什么 41
148．猜字谜（2） 36	182．文字游戏 41
149．猜字谜（3） 36	183．这是什么字 41
150．猜字谜（4） 36	184．青铜镜 41
151．猜字谜（5） 36	185．姓什么 41

186．谜语药方 …… 41	217．成语搭配（3）…… 49
187．三人对谜语 …… 42	218．成语搭配（4）…… 50
188．聪明的伙计 …… 42	219．成语搭配（5）…… 50
189．曹操的字谜 …… 42	220．填反义词 …… 50
190．聪明的唐伯虎 …… 42	221．反义词（1）…… 50
191．谜对谜 …… 42	222．反义词（2）…… 51
192．免费住店 …… 42	223．带有颜色的成语 …… 51
193．孔子猜三天 …… 43	224．十二生肖（1）…… 52
194．小明姓什么 …… 43	225．十二生肖（2）…… 52
195．变新字 …… 43	226．藏头谜语 …… 52
	227．隐藏的诗 …… 53
第四部分　成语填字 …… 44	228．取得证据 …… 53
196．歪打正着 …… 44	229．猜唐诗 …… 53
197．填成语 …… 44	230．猜诗谜（2）…… 53
198．猜成语（1）…… 44	231．秀才做菜 …… 54
199．猜成语（2）…… 45	232．数字对联 …… 54
200．猜成语（3）…… 45	233．对对联（1）…… 54
201．猜成语（4）…… 45	234．有趣的招牌 …… 54
202．猜成语（5）…… 45	235．填数词 …… 54
203．猜成语（6）…… 45	236．变省份名 …… 55
204．情境猜成语（1）…… 45	237．"二"字 …… 55
205．情境猜成语（2）…… 45	238．火柴文字 …… 55
206．指针猜成语 …… 45	239．组合字 …… 55
207．棋盘猜成语 …… 45	240．加一笔（1）…… 56
208．成语计算 …… 46	241．加一笔（2）…… 56
209．提示猜成语 …… 46	242．填空格（1）…… 56
210．八字成语（1）…… 46	243．填空格（2）…… 56
211．八字成语（2）…… 47	244．猜字 …… 57
212．暗含成语的数字 …… 47	245．变字（1）…… 57
213．找成语（1）…… 47	246．变字（2）…… 57
214．找成语（2）…… 48	247．变字（3）…… 57
215．成语搭配（1）…… 48	248．变字（4）…… 57
216．成语搭配（2）…… 49	249．纪晓岚应答 …… 57

第五部分　沟通技巧 ... 58

250．郑板桥行酒令 ... 58
251．聪明的仆人 ... 58
252．难倒唐伯虎 ... 58
253．错在哪里（1） ... 59
254．语言的力量 ... 59
255．组织踢球 ... 59
256．如何暂时减薪 ... 59
257．聪明的小男孩 ... 60
258．考试及格 ... 60
259．钢琴辅导 ... 60
260．父母和孩子 ... 61
261．买烟 ... 61
262．谁对谁错 ... 61
263．错在哪里（2） ... 61
264．今天星期几（1） ... 62
265．张仪的计谋 ... 62
266．误会的产生 ... 62
267．老虎是老动物 ... 62
268．你的话说错了 ... 63
269．忽略的细节 ... 63
270．Yes or No ... 63
271．他说实话了吗 ... 64
272．报警电话 ... 64
273．有罪的证明 ... 64
274．巧取约会 ... 64
275．向双胞胎问话 ... 65
276．是不是 ... 65
277．统计员的难题 ... 65
278．糊涂账 ... 65
279．免费的午餐 ... 66
280．轮流猜花色 ... 66
281．帽子的颜色 ... 66
282．选择接班人 ... 66
283．猜帽子 ... 67
284．谁能猜出来 ... 67
285．不同部落间的通婚 ... 67
286．谁被释放了 ... 68
287．红色的还是白色的 ... 69
288．大赛的冠军 ... 69
289．猜帽子上的数字 ... 69
290．各是什么数字 ... 69
291．纸条上的数字 ... 70
292．纸片游戏 ... 70
293．贴纸条猜数字 ... 71
294．猜扑克牌 ... 71
295．张老师的生日 ... 71
296．找零件 ... 72
297．水平思考 ... 72
298．看电影 ... 72
299．我问你猜（1） ... 73
300．我问你猜（2） ... 73
301．我问你猜（3） ... 73
302．左读右读 ... 73
303．诗句重排 ... 73
304．苏小妹试夫 ... 74
305．巧读诗句 ... 74
306．讽刺官员 ... 74
307．牌子上的规定 ... 74
308．加标点（1） ... 75
309．加标点（2） ... 75
310．加标点（3） ... 75
311．郑板桥断案 ... 75
312．阿凡提点标点 ... 75
313．巧加标点 ... 75
314．添加标点（1） ... 76
315．智改电文 ... 76
316．填字 ... 76

317．被篡改的对联	76
318．贺寿对联	77
319．选官	77
320．巧写奏折	77
321．添加标点（2）	77
322．写春联	77
323．对对联（2）	78
324．绝对	78
325．解梦	78
326．拆字联	78
327．一副对联	78
328．奇怪的对联	78
329．老师的婚礼（1）	79
330．老师的婚礼（2）	79
331．老师的婚礼（3）	79
332．纪晓岚题诗	79
333．保守秘密	79
334．不同的读法	79
335．密电	80
336．截获密电	80
337．取货地点	80
338．破解短信	80
339．动物密码	80
340．密码破解	80
341．吝啬鬼请客	81
342．预言	81
343．奸商	81
344．巧解尴尬	81
345．死里逃生	81
346．巧做应答	81
347．聪明的长工	82

第六部分 实话与谎话 83
348．说谎国与老实国 83

349．精灵的语言	83
350．天堂和地狱	83
351．问路	83
352．回答的话	84
353．爱撒谎的孩子	84
354．是人还是妖怪	84
355．今天星期几（2）	85
356．真话和谎话	85
357．谁扔的垃圾	85
358．该释放了谁	85
359．寻找八路军	86
360．假话与真话	86
361．四个人的口供	86
362．谁偷吃了蛋糕（1）	86
363．谁偷吃了蛋糕（2）	87
364．相互牵制的僵局	87
365．寻找毒药	87
366．有趣的考试	87
367．有几个天使	88
368．男女朋友	88
369．盒子里的东西	88
370．比拼财产	88
371．两兄弟	89
372．破解僵局	89
373．谁在说谎	89
374．有没有金子	89
375．判断血型	89
376．谁通过的六级	90
377．谁寄的钱	90
378．几个人说谎	90
379．他是清白的	91
380．兔妈妈分食物	91
381．四兄弟	91
382．班花的秘密	91

383．谁是主犯 92
384．勇士救公主 92
385．四种语言 92
386．亲戚关系 93
387．谁是哥哥 93
388．谁及格了 94
389．女儿的谎言 94
390．三人聚会 94
391．美丽的玫瑰花 94
392．谁是受害者 95
393．真真假假 95
394．谁得到了奖金 95
395．参加活动的人 95

396．白色和黑色的纸片 96
397．谁打碎的花瓶 96
398．谁是凶手 96
399．三人的供词 97
400．谁杀害了医生 97
401．骗子公司 98
402．女排,女篮 98
403．问的人是谁 98

答案 99

参考文献 159

第一部分 悖论诡辩

1．学费之讼

普罗塔哥拉收了一个有才气的穷弟子,答应免费教授,条件是他完成学业又打赢头场官司之后要付给普罗塔哥拉一笔钱,弟子答应照办。有趣的是,等弟子完成了学业之后偏不去跟人打任何官司,到处游玩了很久。为了得到那笔钱,普罗塔哥拉就告了弟子一状,要求弟子马上付给他学费。双方在法庭上提出各自的论点。

弟子：如果我打赢了这场官司,那么根据判决,我不必付学费；如果我打输了这场官司,那么我还没有"打赢头场官司",而我打赢头场官司之前不必向普罗塔哥拉付学费。可见,不论这场官司我是赢是输,我都不必付学费。

普罗塔哥拉：如果他打输了这场官司,那么根据判决,他必须马上向我付学费。如果他打赢了这场官司,那么他就"打赢了头场官司",因此他也必须向我付学费。不论哪种情况,他都必须付学费。

他俩谁说得对？

2．苏格拉底悖论

苏格拉底（公元前470年—前399年）,古希腊著名的思想家、哲学家、教育家。苏格拉底和柏拉图、亚里士多德被人们并称为"古希腊三贤",并被后人广泛地认为是西方哲学的奠基者。苏格拉底在雅典时经常与当时的许多智者辩论哲学问题,他建立了一些特有的"定义"来对付被诡辩派混淆的修辞,被认为是当时最有智慧的人之一。

苏格拉底有一句名言："我只知道一件事,那就是我什么都不知道。"

你知道这句话有什么问题吗？

3．全能者悖论

如果说上帝是万能的,他能否创造一块他举不起来的大石头？

4．谷堆悖论

如果1粒谷子落地不能形成谷堆,2粒谷子落地不能形成谷堆,3粒谷子落地也不能形成谷堆。以此类推，无论多少粒谷子落地都不能形成谷堆。这个推理有什么问题呢？

5．罗素是教皇

数学家罗素告诉一位哲学家假命题蕴含任何命题。那位哲学家颇为震惊，他说："尊下的意思莫非是：假设2加2等于5，那就能推出您是教皇？"罗素答曰："正是。"哲学家问："您能证明这一点吗？"罗素答："当然能。"你知道他是怎么证明的吗？

6．奇怪的悖论

下面看同一个人在不同场合说的三句话：

"宇宙是这么浩瀚，我是如此渺小，在绚丽无边的宇宙里面，我的存在微不足道，我简直什么都不是。"

"我是人类，人类自然要比其他生物高级，因为只有人类具有智慧。"

"天哪，这朵花真是太漂亮了，世界上还有什么东西能比这朵花更动人吗？这是世上最完美的造物！"

通过这三句话，我们能推理出一个什么奇怪的结论呢？

7．飞矢不动

一次古希腊的哲学家芝诺问他的学生："一支从弓射出去的箭是运动的还是静止的？"

学生答道："那还用说，当然是运动的。"

芝诺道："的确如此，这是很显然的，这支箭在每个人的眼里都是运动的。现在我们换个思考方式，这支箭在每一个瞬间都有它的位置吗？"

学生答道："有的，老师，任何一个瞬间它都在一个确定的位置。"

芝诺问道："在某个瞬间，这支箭占据的空间和它的体积一样吗？"

学生答道："是的，这支箭有确定的位置，又占据着和它自身体积一样大小的空间。"

芝诺继续问道："那么在这个瞬间，这支箭是运动的，还是静止的？"

学生答道："是静止的。"

芝诺道："在这个瞬间是静止的，那么在其他瞬间呢？"

学生答道："也是静止的。"

芝诺道："既然每一个瞬间这支箭都是静止的，所以射出去的箭都是静止的。"

芝诺的这一理论到底错在了哪里？

8．白马非马

战国时期，有一天，公孙龙骑着一匹白马要进城。守门的士兵把他拦下来说道："本城规定，不许放马进城。"

公孙龙心生一计，说道："我骑的是白马，并不是马，所以可以进城。"

士兵奇怪道："白马怎么就不是马了？"

公孙龙道："因为白马有两个特征：第一，它是白色的；第二，它具有马的外形。但是马只有一个特征，就是具有马的外形。一个具有两个特征，一个只具有一个特征，这两个怎么能是一回事呢?所以白马根本就不是马。"

士兵被说得无法回答,只好放公孙龙和他的白马进城。公孙龙也因此而成名,成为战国时期"名家"的代表人物。

公孙龙的话看上去似乎很有道理,要用两个特征来定义的事物确实不等同于只用一点特征就能定义的事物。可是如果我们接受了"白马非马",那么也能如法炮制地得出"白猫不是猫""铅笔不是笔""橘子不是水果",甚至"男人女人都不是人"等结论来。那么公孙龙"白马非马"的论证到底哪里有问题呢?

9. 日近长安远

只有几岁的晋明帝,有一天在他爸爸身边玩耍,正巧碰上从长安来的使臣。

爸爸问他:"你说太阳和长安哪个离你近?"

儿子答:"长安近。因为没有听说过有人从太阳那边来,不就是证明吗?"

爸爸听了很高兴,想把自己的儿子当众夸耀一番。

第二天当着许多大臣的面又问他:"你说太阳和长安哪个离你近?"

"太阳离我近。"这个孩子忽然改变了答案。

爸爸感到惊奇,便问他:"你为什么和昨天说的不一样呢?"

你知道晋明帝是怎么回答的吗?

10. 子非鱼,安知鱼之乐

《庄子》外篇《秋水》中记载着庄子与惠施在壕梁之上观鱼时的一段对话。

庄子说:"鯈鱼出游从容,是鱼之乐也。"

惠施问:"子非鱼,安知鱼之乐?"

你知道庄子是怎么回答的吗?

11. 我被骗了吗

在我小学的时候有件事情困惑了我很久,并让我从此迷上了逻辑。有一天一大早我哥哥就过来和我说:"弟弟,昨天你骗了我,今天我要好好骗你一回,做好准备吧,哈哈。"

我从小就十分争强好胜,所以那一整天我都提防着他,不想被他成功骗到。但是直到那天晚上要睡觉了,哥哥都没有再和我说过一句话,更别说骗我了。妈妈看我还不睡,问我怎么了。

我把早上的事情说了一下,妈妈就把哥哥叫来说:"你就别让弟弟等着不睡觉了,赶快骗一下他吧。"

哥哥回过头问我:"你一整天都在等着我骗你吗?"

我:"是啊。"

他："可我没骗你吧？"

我："是啊。"

他："这不得了，我已经把你给骗到了。"

那天晚上我躺在床上翻来覆去想了很久，我到底有没有被骗呢？

12．被小孩子问倒了

上大学时，我去一位教授家拜访。教授有两个孙子，一个六岁，一个八岁。我经常给那两个孩子讲故事。

一次，我吓唬他们说："我会一句魔法咒语，能把你们俩全变成小猫哦。"

没想到他俩一点也不怕，反而很感兴趣地说："好啊，把我们变成小猫吧。"

我只好支吾道："可是……变成小猫后就没法变回来了。"

六岁的孩子还是不依不饶："没关系的，反正我要你把我们变成小猫。"

八岁的孩子说道："那你把这句咒语教给我们吧。"

我答道："如果我要告诉你们咒语是什么，我就把它念出声了，你们就变成小猫了。而且不光是你们两个会变成小猫，所有听到的人都会变成小猫，连我自己也不例外。"

六岁的孩子说："那可以写在纸上嘛！"

我答道："不行，不行，就算只是把咒语写出来，看到的人也会变成小猫的。"

他们似乎信以为真，想了一会儿觉得没意思了就去玩别的了。

如果你是这两个孩子，你会怎么反驳我呢？

13．我撒谎了吗

大学快要毕业的时候，我在外面四处投简历求职，有家公司的销售部门给了我一个面试机会。面试的时候他们向我提了很多问题，其中有一个是："你反感偶尔撒一点谎吗？"

我当时心里明明是反感的，尤其是反感那些为了销售成绩而把产品说得十分完美的推销员。可是转念一想，如果我照实回答"反感"的话，这份工作肯定就无法得到了，所以我撒了个谎，说了声："不。"

面试完后，在骑车回学校的路上，我回想面试时的表现，忽然这么问了自己一句：我对当时回答面试官的那句谎话反感吗？我的回答是"不反感"。那么，既然我对那句谎话并不反感，说明我不是对一切谎话都反感，因此面试那会儿我答的"不"并不是谎话，反而是真话啦！

事到如今，我还是不大清楚当时算不算撒了谎。你说我到底有没有撒谎呢？

第一部分　悖论诡辩

14．自相矛盾

楚国有一个卖矛和盾的商人,他一会儿拿起盾来夸耀说:"我的盾坚固无比,任何锋利的东西都穿不透它。"

一会儿又拿起矛来夸耀说:"我的矛锋利极了,什么坚固的东西都能刺穿。"

你知道该怎么反驳他吗?

15．打破预言

一天,一位预言家和他的女儿发生了争吵。女儿大声说道:"你是一个大骗子,你根本不能预言未来。"

预言家争论道:"我当然能预言未来,不信我现在就可以证明给你看。"

女儿想了一下,在一张纸上写了一些字,然后把这张纸折起来压在一本书下面,说道:"我刚在那张纸上写了一件事,它在十分钟内可能发生,也可能不发生。请你预言一下这件事究竟会不会发生,在这张卡片上写下'会'或'不会'。如果你预言错了,你明天要带我去吃冰激凌好吗?"

预言家一口答应:"好,一言为定。"然后他在卡片上写下了他的预言。

如果你是这个女儿,你该写个什么问题使自己获胜呢?

16．机灵的小孩

有一群人在路口喧哗,一个小孩子过去看热闹。原来那里有两个人在打赌赢钱,他们的规矩是:一个人说一句话,如果另外一个人不相信,就要给说话的人5个铜板。这两个人中有一个人比较憨厚,所以输了一些钱,而另一个因耍无赖而总是赢钱。于是这个小孩子过去替那个憨厚的人做游戏,并且每次只对那个无赖说同样的一句话,无赖每次只能回答"不相信",并且给小孩5个铜板。你知道小孩是怎么说的吗?

17．聪明的禅师

有一天,佛印禅师登坛说法,苏东坡闻讯赶来参加,座中已经坐满听众,没有空位了。禅师看到苏东坡时说:"人都坐满了,此间已无学士坐处。"

苏东坡一向好禅,马上针锋相对地回答禅师说:"既然此间无坐处,我就以禅师四大五蕴之身为座。"

禅师看到苏东坡与他论禅,就说:"学士!我有一个问题问你,如果你答得出来,那么我老和尚的身体就当你的座位,如果你回答不出来,那么你身上的玉带就要留给本寺,作为纪念。"

苏东坡一向自命不凡,以为必胜无疑,便答应了。

接着,禅师说了一句话,问得苏东坡哑口无言,只好把玉带留在了金山寺。

你知道禅师问的什么问题吗?

18．狡诈的县官

从前有一个县官要买金锭,店家遵命送来两只金锭。县官问:"这两只金锭要多少钱?"

店家答："太爷要买，小人只按半价出售。"

县官收下一只，还给店家一只。

过了许多日子，县官仍不还账，店家便说："请太爷赏给小人金锭价款。"

县官装作不解的样子说："不是早已给了你吗？"

店家说："小人从没有拿到啊！"

你知道这个贪财的县官是如何说的吗？

19．小红帽脱险

小红帽去看外婆，但不幸落入了大灰狼的魔爪。大灰狼得意之际对小红帽说："你可以说一句话。如果这句话是真话，我就煮了你吃；如果这句话是假话，那我就把你炸了吃。"小红帽不想被大灰狼吃，他应该说一句什么话呢？

20．借锄头

甲、乙两个农民是邻居，乙到甲家里去借锄头，甲不想借，又不好意思直接拒绝，就说："如果你能猜出来我现在在想什么，我就把锄头借给你。"乙非常想借到这个锄头，否则就错过播种时机了，绞尽脑汁之后，他想出了个绝妙的答案。甲听了之后，说了声"对"，然后，就不得不把锄头借给乙。

你知道乙说了什么吗？

21．锦囊妙计

小刘从乡下到城里打工，虽然自认很聪明，但是找了几个用人单位，都嫌他学历不够，不肯录用他。在城里待了没几天，钱都花光了，两顿饭没吃到东西。他听人说有个饭店老板很爱逻辑学，就想去碰碰运气，看能不能要到一顿饭。到了饭店的时候，正好赶上老板闲来无事。

小刘对老板说："我想问您两个问题，您只能回答'是'或者'不是'，不能用其他的语句。但在正式提问以前，我要同您预先讲好，您一定要听清楚之后再郑重回答，而且两个问题的答案都必须在逻辑上是完全合理的，不能自相矛盾。"

老板好奇地看着小刘，小刘接着说："如果您同意我的条件，我问完这两个问题，您会心甘情愿地请我吃顿饭的。"

老板越发感兴趣了，就答应了小刘的要求。

结果，不但老板心甘情愿地请小刘吃了顿饭，还让他在自己的店里工作了。你知道小刘问了两个什么问题吗？

22．拿回零花钱

小明刚上一年级，再加上身材矮小，所以经常被高年级的同学欺负。有一天，妈妈刚给了他5元零花钱，就被一个大孩子叫住，要把他的零花钱拿走，这个大孩子又想找个名正言顺的理由。就对小明说："我问你一个问题，如果你答对了，我就将零花钱还给你；如果回答错了，你的零花钱就归我。"小明无可奈何，只好答应了。

第一部分　悖论诡辩

大孩子说："你会不会把零花钱给我？"

小明怎么回答才能保住自己的零花钱？

23．希腊老师的辩术

有一天，两个学生去请教他们的希腊老师。问道："老师，究竟什么叫诡辩呢？"

希腊老师望望两个学生，想了一会儿，说："我先给你们出个问题吧。有两个人到我这里做客，一个很爱干净，一个很脏。我请他们两个人去洗澡，你们想想，他们两个人中谁会洗呢？"

在这个问题中，无论两个学生回答什么答案，老师都可以否定他们，从而教会他们什么是诡辩。你知道老师是怎么说的吗？

24．要钱币

有个人拿出 1 枚一元硬币、1 枚五角硬币以及 1 枚一角硬币，他告诉你，只要你讲一句真话，他就给你 1 枚钱币，可是没有说是哪一枚。但是如果你说的是假话，就不给你钱币。请问你要讲什么话，那个人一定会给你一元硬币？

25．娶到公主

中世纪的欧洲有一个小王国，它的公主美若天仙。上门提亲的人络绎不绝，但国王似乎过于溺爱公主了，不是把那些提亲的人斩首就是活活烧死。公主的年龄越来越大，到了必须要嫁出去的年龄，国王便下了个奇怪的命令，所有来提亲的人都要回答一个问题："你来这里干什么？"如果答的是真话，就用火烧死；如果答的是假话，就斩首；如果没有死，国王就把公主嫁给他。这么看来，不仅公主很可能嫁不出去，提亲的人也很可能要性命不保了。

有一天，来了个穷小子向公主提亲，大臣按照惯例问他："你来这里干什么？"如果你是这个穷小子，你怎么回答这个问题才能娶到公主呢？

26．都想要的苹果

中秋到了，单位发给每人 2 个苹果作为过节礼物。小王和小张看了之后，都觉得公司太小气了，苹果拿回家都不够吃的。于是小王对小张说："不如我们打个赌吧。你说一句话，如果我相信，你就把 2 个苹果都给我；如果我不相信，我就把我的 2 个苹果都给你。你看怎么样？"小张想了想，觉得 2 个苹果拿回家确实太少了，就答应了小王的要求。于是小张说了句话，小王想了想，不得不把 2 个苹果都给了他。你能猜到他说了什么话吗？

27．酒瓶

小赵、小钱、小孙、小李四人是同学，他们常聚在一起讨论问题。有一天四人同桌吃饭，为桌上的半瓶酒争论起来。

小赵说："这瓶子一半是空的。"

7

小钱说:"这瓶子一半是满的。"

小孙说:"这有什么好争的,半空的酒瓶就等于半满的酒瓶。"

你知道小李该如何诡辩,才能找出半空的酒瓶和半满的酒瓶之间的区别吗?

28. 吹牛

有一群人在聊天,一个人总是喜欢吹牛,他说:"我昨天刚发明了一种液体,无论是什么东西,它都可以溶解。这是世界上最好的溶剂,我明天就去申请专利,我很快就要发财了。"别的人感觉很惊讶,虽然不信,但是不知道如何反驳。这时一个小孩子说了一句话,那个人立刻傻眼了,谎言不攻自破。你知道小孩是怎么说的吗?

29. 挤公交

公共汽车刚到站停住,一个小伙子推开前面排队候车的人,横冲直撞地挤上公共汽车。一位老大爷对他说:"年轻人,应该讲秩序呀!"

小伙子说:"我这也是讲秩序呀!"

"讲秩序是这样吗?"老大爷生气地说。

你知道这个小伙子是怎么回答的吗?

30. 财主赴宴

从前有一个财主应邀到外乡赴宴,把家里雇的一个长工带去做仆人侍候他。

到了主人的家门口,财主一人进去,把长工留在门外。财主在主人家大吃大喝了一顿,早把门外的长工忘在脑后了。

财主酒足饭饱之后告辞主人出来,主人把财主送到门外,见到长工站在外面,就抱歉地对财主说:"哎!我不知道您的仆人还待在门外,为什么不叫他进家吃点东西?"

财主摇了摇头,不以为然地说:"没什么,我吃了就等于他吃了。"

长工听了这话,心里气愤极了,一声不吭地给财主拉过马来,扶他上马,自己跟在后面走。

走到一条大河边,河水很深,又没有桥,来的时候是长工把财主背过来的。现在长工心生一计,自己跳进水里游过去了。财主忙叫长工过来背他,长工装作没有听见。

财主没有办法,只好自己跳进河里,但他根本不会游泳,下水后心里发慌,急喊长工快来救他。

长工在对岸不慌不忙地回答了一句话,说得财主哑口无言。

你知道长工说了句什么话吗?

31. 父在母先亡

一个有迷信思想的人,请算命先生算一下自己父母的享寿情况。算命先生照例先问了一遍来人及其父母的出生年月日,然后装模作样地屈指掐算了一会儿,于是回答说:

"父在母先亡。"

这个人听了以后沉思片刻,付钱而去。

为什么求卜者对算命先生的话不怀疑,付钱而去呢?

32．禁止吸烟

某工厂的一位车间主任看见工人小王上班时在车间里吸烟,就批评他说:"厂里有规定,工作时禁止吸烟!"

但是小王马上说了一句话,让主任无话可说。

你知道小王说了句什么话吗?

33．辩解

有个县官上任伊始,便在堂上高悬一副对联:

得一文,天诛地灭;

徇一情,男盗女娼。

但是,实际上他却贪赃枉法。有人指责他言行不一,忘记了誓联。

你知道他是怎么辩解的吗?

34．立等可取

一天上午,小李到一家国营钟表修理店修表,修表师傅接过手表看了看说:"下午来取。"

小李说:"怎么还要下午取呢?店门外挂的牌子上不是写着'立等可取'吗?"

你知道修表师傅是如何辩解的吗?

35．赤心

武则天执政时期,人们争献祥瑞。有个人得到一块石头,剖开一看,中间是红色,于是将这石头献给武则天,并说:"看啊,这块石头中间是一片赤色的,这块石头对大王也是一片赤心啊!"

大臣李德昭不以为然,当即说了一句话,反驳得那个献石头的人一句话也说不出来。你知道他是怎么说的吗?

36．迷信的人

一个人去朋友家拜访,看到朋友正准备砍自家院子中的一棵大树,这个人便问:"这棵树长得很好,平白无故为什么要砍掉它呢?"

朋友回答说:"你看,我们家的院子是四四方方的,像个'口'字。里面有棵树,不变成了'困'嘛。怪不得我们的日子过不好!"

这个人一听,原来他竟然如此迷信,想劝他放弃砍树的想法。他该如何说服朋友呢?

37．遗传性不孕症

一个病人到一家新开的诊所就诊。

病人："大夫,我结婚10年了,到现在还没有孩子。"

医生："据我诊断,你应该是遗传性不孕症,你最好查一查你的家谱。"

请问,这位医生的话能相信吗?

38．修电灯

小王请一位做电工的朋友来家中帮助修理电灯,可是等到了半夜还没有人来。第二天,小王找到这位朋友。

小王："昨天不是说好了来我家修电灯吗?你怎么没来呢?"

朋友："我去了,可是你家没人。"

小王："不可能,我一直在家等到半夜。"

朋友："怎么会呢?我到你家门外一看,屋里黑咕隆咚的,连灯都没开,我就走了。"

你知道这到底是怎么回事吗?究竟是谁的问题呢?

39．运动员和乌龟赛跑

历史上有一个非常著名的逻辑学悖论,叫阿基里斯追不上乌龟。

内容很有趣,说的是一名长跑运动员叫阿基里斯。一次,他和一只乌龟赛跑。假设运动员的速度是乌龟的12倍,这场比赛的结果是显而易见的,乌龟一定会输。

现在我们把乌龟的起跑线放在运动员前面12千米处,那么结果会如何呢?

有人认为,这名运动员永远也追不上乌龟!

理由是:当运动员跑了12千米时,那只乌龟也跑了1千米,在运动员的前面。

当运动员又跑了1千米的时候,那只乌龟又跑了1/12千米,还是在运动员的前面。

就这样一直跑下去,虽然每次距离都在拉近,但是运动员每次都必须先到达乌龟的起始地点,那么这时又相当于他们两个相距一段路程跑步了。这样下去,运动员是永远也追不上乌龟的。

你是怎么认为的呢?

40．冒险经历

一天,查尔斯向一群人讲述自己的冒险经历:"那天,我一个人驾驶帆船出海。不料发动机突然坏了,我一个人停在大海中间,而且一点风都没有,也没法利用船帆前行。没办法,我只好找了一块白布,咬破手指,写下了'救命'两个大字,挂在桅杆上。幸好过了半天时间,有一艘船从附近经过,把我救了下来……"

说到这里,一位在旁边默默听他讲述的年轻人说道:"你在吹牛。"你知道年轻人为什么这么说吗?

41. 旅店的房费

一位游客来到一家旅店准备住宿。

游客:"请问你们这里住一晚多少钱?"

旅店前台:"一层每天500元,二层每天400元,三层每天300元。"

游客:"我住六楼。"

旅店前台:"为什么一定要住六楼呢?"

游客:"因为每层少100元,六层就不用花钱了。"

旅店前台:……

请问这位游客的言论错在哪里?

42. 逻辑错误

语文课上老师讲到《红楼梦》时,问同学们:"谁知道《红楼梦》的作者是谁?"

小明马上站起来回答道:"我知道,《红楼梦》的作者是著名的女作家曹雪芹。"

老师很纳闷地问:"你为什么认为他是女作家呢?"

小明说:"因为'芹'这个字只有女性的名字才用。我们经常可以看到在一些书中,曹雪芹的插图都是梳着一条辫子,所以,她当然是女的了。"

请问:小明的言论错在哪里?

43. 就要让你猜不到

某个小镇上只有一名警察,他负责整个镇子的治安。小镇的一头有一家酒馆,需要保护的财产价值1万元;另一头有一家银行,需要保护的财产价值2万元。因为分身乏术,警察一次只能在一个地方巡逻。有一天,镇上来了一个小偷,他一次也只能去一个地方偷盗。就这样,两个人的算计开始了。

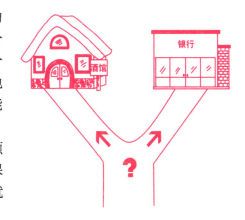

警察一开始想的是,银行的财产较多,小偷光顾的可能性大。在银行附近巡逻,无论如何都能够保住2万元财产,假如小偷正好也到银行这儿来了,就可以直接把他抓住,这样就保住了3万元的财产。相较之下,守在酒馆虽然也有可能抓住小偷,保住3万元,但是更大的可能是只保住1万元而丢掉了银行的财产,所以,应该在银行巡逻。

事实上,以上这样的可能性小偷也是能够想到的,那么,他只要去酒馆行窃就总能得手。

警察当然不希望这样的事情发生。如果你是警察,你会采取什么策略呢?

44．负债累累

某人负债累累,有一天他家里来了许多讨债的人,椅子凳子都坐满了,还有的坐在门槛上。这个欠债的人急中生智,俯在坐在门槛上的人的耳朵上悄悄地说:"请你明天早点来。"

那人听了十分高兴,于是站起来把其他讨债的人都劝说走了。第二天一大早,他就急急忙忙来到欠债人家里,一心认为债户能单独还债。岂知见面后欠债的人对他说了一句话,气得他一句话也说不出来。

你知道他说了什么吗?

45．贪吃

夏天的中午,妈妈给小明和弟弟端来一盘西瓜,两人大口大口地吃了起来。小明想取笑弟弟的吃相,于是偷偷地把自己吃剩下的西瓜皮都放在弟弟的面前。然后大声说:"看,弟弟多贪吃,吃剩下那么一大堆西瓜皮。"弟弟看了看小明面前,回了一句话反击小明。你知道弟弟说了什么吗?

46．天机不可泄露

从前,有三个秀才进京赶考,途中遇到一个人称"活神仙"的算命先生,便前去求教:"我们此番能考中几个?"

算命先生闭上眼睛掐算了一会儿,然后竖起一根指头。

三个秀才不明白是什么意思,请求说清楚一点。

算命先生说:"天机不可泄露,以后你们自会明白。"

后来三个秀才只考中了一个,那人特来酬谢,一见面就夸奖说:"先生料事如神,果然名不虚传。"还学着当初算命先生那样竖起一根指头说:"确实'只中一个'。"

秀才走后,算命先生的老婆问他:"你怎么算得这么灵呢?"

算命先生嘿嘿一笑说:"你不懂其中的奥妙,无论结果如何我都能猜对。"

你知道这是为什么吗?

47．修庙

一次,乾隆皇帝带着纪晓岚等一群随从官员在密林中偶然发现了一棵古树和一块怪石。古树是一棵松柏,枝繁叶茂,郁郁葱葱;怪石巨大无比,外形奇特。乾隆非常喜欢,想在附近修建庙宇,便吩咐下面的官员:"在此地建成一百一十一座庙。"负责的官员很为难,此地虽然开阔,但要建那么多庙宇还是不可能的,只好向纪晓岚求救。纪晓岚对办事的官员说,你只需建一座庙就行了,皇帝不会怪罪你的。你知道纪晓岚为什么这么说吗?

48．所罗门断案

有两位母亲都说自己是一个孩子的真正母亲,她们争执不下,只好请求所罗门国王来判决。所罗门国王拿出一把剑,声称要将孩子一分为二,给两位母亲一人一半。这时,真母亲不忍心看着自己的孩子被杀掉,因此提出宁愿将孩子判给对方;而假母亲则觉得反正自己得不到,所以同意杀婴。所罗门国王通过对比她们的表现,就知道了愿意让出孩子的母亲才是孩子真正的母亲,于是宣布把孩子判给这位真正的母亲。

这个故事不仅向我们展示了母爱的伟大,也向我们昭示了所罗门国王的智慧。然而,所罗门国王的方法真的这么容易就能成功吗?

第二部分 机智幽默

49. 一语双关

皮特第一次去未婚妻苏珊家中拜见丈母娘。苏珊的母亲想试试这位准女婿的智力,于是便拿出了那道经典的难题来考他:"如果有一天我和苏珊一起掉到了河里,而当时情况紧急,你只能救起一个人,你会选择救谁?"

皮特很为难,说救苏珊,丈母娘肯定生气,而如果说救丈母娘,一听就知道是假话,该如何回答呢?这时皮特突然灵机一动,说了一句话一语双关,成功过了关。

你知道皮特是怎么回答的吗?

50. 不会游泳

有一个人想渡河,他看到河边有很多船夫等着,就问道:"在你们中,哪位会游泳?"船老大围上来,纷纷抢着回答道:"我会游泳,客官坐我的船吧!""我水性最好,坐我的船最安全了!"

其中只有一位船老大没有过来,只站在一旁看着。要过河的那人就走过去问:"你会游泳吗?"

那个船老大不好意思地答道:"对不起客官,我不会游泳。"

谁知要过河的那人却高兴地说道:"那正好,我就坐你的船!"

其他船老大非常不满,就问:"他不会游泳,万一船翻了,不就没人能救你了吗?"

你知道渡河的人是怎么说的吗?

51. 马克·吐温的道歉

据说有一次,美国著名作家马克·吐温在酒会上一气之下说道:"国会中有些议员不是人养的!"议员们知道之后大为恼火,纷纷要求马克·吐温公开道歉。

不久,马克·吐温接受了议员们的要求,公开登报道歉。但是道歉启示用了新的形式,表达的却还是原来的意思。议员们又一次被骂了。读者们看后不禁哈哈大笑,感叹作家的机智。

你知道马克·吐温的道歉启示是怎么写的吗?

第二部分　机智幽默

52．以其人之道还治其人之身

日本古代有一段时期，政府会不定时地发布一种"德政布告"。这个布告一出，人们之间的借贷关系就宣告废除。它的出发点是为了平衡贫富差距，帮助穷人，但实施起来经常会闹出不少笑话。

一次，一个四处游历的和尚来到镇上，借住在一家旅馆中。他随身携带有一把宝刀，不仅造型美观，而且锋利异常。店主也是个尚武之人，看到宝刀自然喜爱有加，便向和尚借来玩赏一番。和尚不好拒绝，便把宝刀借给了他。

就在这时，政府发布了"德政布告"。店主一看，心生一计，要占有和尚的这把宝刀。他说："实在不好意思，德政布告发布了，你借我的宝刀现在名正言顺地归我所有了，哈哈！"

这是当时的法律。和尚心中不甘，但也没有办法。突然，他心生一计，对店主说了几句话，店主却转喜为忧，连忙求饶道："我愿意归还宝刀！"

你知道和尚说了些什么吗？

53．找出匪首

从前，在边境处有一个偏僻的小村子，因为交通不方便，村民生活很清苦。更让人恐怖的是，边境的对面不远处有一群土匪，他们经常来村里抢劫。村民种的粮食和养的家畜家禽都会被他们抢走。而警察局离村里也很远，即使报警，等警察到了，土匪早就逃之夭夭了。

为了彻底清除匪患，警察决定以静制动，埋伏起来把土匪一网打尽。等了整整半个月，终于等到了这群土匪，警察不费吹灰之力就将他们全部擒下。

俗话说，擒贼先擒王，惩罚土匪也要先从匪首开始。可是问题来了，这群土匪都穿着一样的衣服，谁是匪首很难判断出来，凭经验，向这些土匪询问，也多半不会有结果。

很快警长有了主意，只听他大声说了一句话，话音刚落，他就知道哪个是土匪头子了。

你知道警长说了一句什么话吗？

54．火灾中逃生

小明是歌星阿k的铁杆粉丝，这天是阿k的演唱会，小明当然不肯错过。今天剧场的人真多啊！偌大的剧场黑压压的全是人。

演唱会开始后不久，突然从后台传来几声呼救声："不好了，着火了，救火呀！"紧接着，只见熊熊大火夹着黑烟向台前涌来……顿时，台上台下乱作一团。观众纷纷离开座位，争先恐后地涌向大门。可是大门是锁着的，一名服务员拿着一把钥匙高喊："让一下，我过去开门！"

可是人们就像没听见一样，还是疯了似的往大门的方向挤。看到这种徒劳无功的场面，小明突然大声喊了一句话，观众纷纷向后退去。服务员趁机钻了过去，打开了大门，让观众都安全地离开了火灾现场。

请问：小明到底喊了一句什么话，才让大家离开了紧锁的大门向后退去呢？

55．怎样把水烧开

一位青年满怀烦恼地寻找一位智者。他大学毕业后，曾豪情万丈地为自己树立了许多目标,可是几年下来,依然一事无成。一天,他来到一个小山村,听说村里的学校里有一名德高望重的老师,是远近闻名的智者,于是他便去拜访。

他找到智者时,智者正在校内小屋里读书。智者微笑着听完青年的倾诉,对他说:"来,你先帮我烧壶开水!"

青年看见墙角放着一把极大的水壶,旁边是一个小火灶,可是没发现柴火,于是便出去找。他在外面拾了一些枯枝回来,装满一壶水,放在灶台上,在灶内放了些柴火便烧了起来。可是由于壶太大,那捆柴火烧尽了,水也没开。于是他跑出去继续找柴火,等找到了足够的柴火回来,那壶水已凉得差不多了。这回他学聪明了,没有急于点火,而是再次出去找了些柴火。由于柴火准备得足,水不一会儿就烧开了。

智者忽然问他:"如果没有足够的柴火,你该怎样把水烧开?"

青年想了一会儿,摇摇头。

你知道该怎么做吗?

56.幽默的钢琴家

一位著名的钢琴家到某地去演出,结果他发现观众不多,空了很多座位。于是他幽默地说了一句:"我猜你们这里的人一定都很有钱。"观众都不解其意。钢琴家接着说了一句话,大家都笑了,并给钢琴家鼓起了掌。你知道钢琴家是怎么说的吗?

57.弥勒佛

一次,纪晓岚陪着乾隆观赏弥勒佛像。乾隆问纪晓岚:"这弥勒佛为什么看着我笑?"纪晓岚知道乾隆经常把自己比作文殊菩萨。于是回答道:"佛见佛笑。"乾隆听了很高兴,但是又想刁难一下纪晓岚,就说:"那弥勒佛为什么看着你也笑?"聪明的纪晓岚马上想出了一句话应对。你知道他是怎么回答的吗?

58.纪晓岚祝寿

乾隆皇帝做六十岁大寿,百官都前来祝寿送礼。纪晓岚送上一幅八尺长的红菱,上写十五个大字:"祝福乾隆皇帝九千九百四十岁大寿!"

文武大臣一看,个个都大惊失色,写错皇帝的年龄可是死罪。可是乾隆看完之后不但没有生气,反而夸奖了纪晓岚。你们知道这是为什么吗?

59.善意的批评

一位顾客在某饭店吃饭,饭里沙子很多,顾客不得不经常吐几口在桌子上。服务员见了很不安,非常抱歉地说:"沙子不少吧?"顾客大度地摇摇头微笑着说了一句话,表达自己善意的批评。你知道客人是怎么说的吗？

60．相互提问

一个大人和一个小孩做一个游戏。

大人这样对小孩说："我们来玩一个互相提问的游戏，我问你一个问题，你若答不出，你给我一元；而你问我一个问题，我答不出，我就给你 100 元，如何？"

小孩眨眨眼睛，说："行啊！"

"那你说说我的体重是多少？"大人先问道。

小孩想了一下，掏出一元钱给了大人。

轮到小孩提问了，你知道他问什么问题才能赢大人吗？

61．是否改变选择

一个娱乐节目邀请一些嘉宾去参加一个抽奖活动。活动很简单也很有趣：他们准备了三个信封，里面都放着钱，让你挑选其中一个，你选了哪个就送给你哪个。

当然，这些钱都是支票，所以信封没有厚度的差别，而且外表完全一样。

现在主持人告诉你，其中一个信封里装着 10 000 元，而另两个信封里面装的都是 100 元钱。

现在选择开始了，当你选中一个之后，主持人并没有让你把它打开，而是把你没有选择的两个信封中的一个打开了，不是 10 000 元！

这时，主持人拿着手里剩下的一个信封对你说："现在我给你一个重新选择的机会，你要不要和我换一下信封呢？"

难题交给你了，如果你是那个嘉宾，你是换还是不换呢？

62．不咬人

一个人去朋友家拜访，当走近朋友的住宅时，突然窜出一条大狗，对着他不停地狂吠。他吓得停住了脚步，朋友闻声走了出来，看见他，连忙说："别怕！你没听说过：爱叫的狗不咬人吗？"他马上回答了一句话，两个人同时哈哈大笑起来。你知道他说的是什么吗？

63．机智的总统

1800 年，约翰·亚当斯在竞选美国总统时，有一个共和党人煞有介事地指控他曾委派竞选伙伴平尼克将军到英国去挑选了 4 个美女做情妇，有两个美女给平尼克，两个留给自己。亚当斯听后哈哈一笑，说了一句话，幽默地拆穿了对方的这一谎言。你知道他说了什么吗？

64．卖梳子

一个公司招聘业务员。面试题目是让他们用一天的时间去向和尚推销梳子。

很多人都说这是不可能的,和尚都没有头发,怎么可能买梳子呢?

于是很多人就放弃了这个机会。

但还是有三个人愿意试试。

第二天,他们回来了。

第一个人卖了1把梳子,他对经理说:"我看到一个小和尚,头上生了很多虱子,很痒,在那里用手抓。我就骗他说抓头用梳子抓,于是我就卖出了一把。"

第二个人卖了10把梳子。他对经理说:"我找到庙里的主持,对他说如果上山拜佛的人的头发被山风吹乱了,就表示对佛不尊敬,是一种罪过。假如在每个佛像前摆一把梳子,游客来了梳完头再拜佛就更好! 于是我卖出了10把梳子。"

第三个人卖了3 000把梳子!

你知道他是怎么卖出去的吗?

65．裁缝的招牌

在老上海滩,同一条街道上住着三个才艺不相上下的裁缝。一天,其中一个裁缝在招牌上写着"上海最好的裁缝",另一个裁缝在招牌上写着"中国最好的裁缝"。如果你是第三个裁缝,你会在招牌上写什么呢?

66．教子

父亲对小约翰很头疼。

因为小约翰三天两头打架,动不动骂脏话,最可恨的是他压根儿不喜欢学习。

父亲决定要好好教育一下小约翰。

"你真不知害臊,人家华盛顿在你这么大时,早已是顶尖优秀的学生了。"

你知道小约翰怎么反驳得爸爸说不出话吗?

67．后生可畏

小男孩问爸爸:"是不是做父亲的总比做儿子的知道得多?"

爸爸回答:"当然啦!"

如果你是这个小男孩,你会如何反驳爸爸的这句话呢?

68．哲学家的智慧

古希腊哲学家苏格拉底的妻子是个有名的悍妇,动辄对人大骂不已。有一次妻子大发雷霆,当头向苏格拉底泼了一盆脏水。苏格拉底无可奈何,诙谐地说:"雷鸣之后免不了一场大雨。"别人嘲笑他说："你不是最有智慧的哲学家吗？怎么连老婆都挑不好？"

你知道他是怎么回答的吗？

69．灵机一动

甲、乙两信徒都酷爱吸烟。

甲问神父："我祈祷时可以吸烟吗？"

神父说："那怎么行呢？"

没有办法，甲只好忍住自己吸烟的欲望。这时，乙也想吸烟，他对神父说了一句话，神父就答应他可以吸烟了。

你知道他是如何和神父说的吗？

70．老虎来临

两个朋友携手一起去旅行，游历了山川，穿越了河流，奔驰在草原，最后他们到了一片森林。

森林很大，他们走了好几天，似乎有迷路的嫌疑。奈何屋漏偏遭连阴雨，船迟又遇打头风。这个糟糕的时候，他们遇见了一只老虎！

A向来比B机灵一些，见状立刻从背后取下一双轻便的跑鞋换上。B急得快疯掉了，想自己先跑又担心A，见A还有时间去换鞋，骂道："你干什么，再换鞋也跑不过老虎啊。"

你知道A会如何回答吗？

71．小孩与狗熊

一个小孩在山上种了一片苞米。苞米快要成熟的时候，被狗熊发现了。狗熊钻进苞米地吃了一些，扔了一些，糟蹋了一地。

小孩找狗熊去讲理。狗熊满不在乎地说："你的苞米是让我给糟蹋了，你能把我怎么样呢？"

小孩说："我要你赔。"

狗熊说："我若是不赔呢？"

小孩说："那我就叫你知道知道我的厉害。"

请问小孩如何才能斗过狗熊呢？

72．聪明的兔子

狮王指定熊、猴子和兔子做他的大臣。后来，狮王跟他们在一起玩腻了，想要把他们吃掉，可是，得找个借口才行。

一天，狮王就把他的三个大臣招来，对他们说："你们当我的大臣有不少日子了，我现在得测验一下，看你们当了高官以后有没有腐败。"说完，狮王张开血盆大口，要熊说出他嘴里发出来的是什么气味。

熊直率地说："大王，你嘴里的气味很不好闻。"

"你犯了叛逆罪！"狮王怒吼道，"你竟敢当面诽谤国王。犯叛逆罪的应处以死刑！"说罢，狮王就扑到熊的身上把他咬死并吃掉了。

接着，狮王又问猴子："我嘴里发出的是什么气味！"猴子亲眼看到熊的下场，赶忙回答道："大王，这气味很香，就跟上等香水一样好闻。"

"你是一个又会撒谎又会拍马屁的家伙！"狮王怒吼道，"我是爱吃肉的，谁都知道我嘴里发出来的只能是臭味。凡是不诚实的、爱拍马屁的大臣，都是国家的祸根，绝对不能留下。"说着，又扑到猴子身上把他吃了。

最后，狮王对兔子说："聪明的兔子，我嘴里发出来的到底是什么气味？"

你知道兔子是如何回答才得以保全性命的吗？

73．一休晒经

有一天，一休禅师在比睿山乡下看到一群群的信徒朝山上走去，原来是比睿山上的寺院在晒藏经。传说在晒藏经的时候，风从经上吹拂而过，如果人沐浴了这种风，就能够消病除灾，增长智能，因此闻风而来的人不断地涌上山去。

一休禅师知道了事情的原委，说道："我也来晒藏经！"然后就袒胸露肚地躺在草坪上晒太阳。许多要上山的信徒看到了很不以为然，议论纷纷，觉得作为禅师这样做实在太不雅观了。山上寺院的住持也跑下来劝一休，不要如此没有僧人的威仪。

你知道一休是怎么回答的吗？

74．两个导游

有两个观光团到日本伊豆半岛旅游，那里的路况很差，到处都是坑洞。

一位导游不停地抱怨说路面简直像麻子一样，而另一个导游则比较乐观。你知道他是怎么介绍这条路的吗？

75．聪明的老人

古时候有个聪明的老人，他有个打猎的朋友，送给他一只兔子。老人很高兴，当即拿着兔子做菜招待了猎人。几天以后，有五六个人找上门来，自称"我们是送你兔子的那位朋友的朋友"，老人便拿出兔汤招待了他们。又过了几天，又来了八九个人，对老人说："我们是送给你兔子的那位朋友的朋友的朋友。"老人就给他们端来一碗水。客人很诧异，问这是什么？老人会如何回答呢？

76．学问与金钱

一天，父子二人一起在街上走，他们看到一辆十分豪华的进口轿车。

儿子不屑地对他的父亲说:"坐这种车的人,肚子里一定没有学问!"

作为父亲,他该怎么教育自己的孩子呢?

77. 阿凡提的故事

有一个穷人找到阿凡提说:"咱们穷人真是难啊!昨天我在巴依财主开的一家饭馆门口站了一站,巴依说我闻了他饭馆里饭菜的香味,叫我付钱,我当然不给,他就到法官喀孜跟前告了我。喀孜决定今天判决,你能帮我说几句公道话吗?"

"行,行!"阿凡提一口答应下来,就陪着穷人去见喀孜。

巴依早就到了,正和喀孜谈得高兴。喀孜一看见穷人,不由分说地就骂道:"你占了大便宜!你闻了巴依饭菜的香气,怎么敢不付钱!快把饭钱算给巴依!"

"慢着,喀孜!"阿凡提走上前来,行了个礼,说道,"这人是我的兄长,他没有钱,饭钱由我付给巴依好了。"

你知道阿凡提是怎么帮穷人出气的吗?

78. 进化论

英国伟大的生物学家达尔文于1859年出版了他的名著《物种起源》一书,这对于宗教世界观是一个极大的威胁。

1860年6月28日到30日,英国教会在牛津召开了反对达尔文学说的会议。在这次会议上,一位自负很有"辩才"的主教威尔勃福斯发表了攻击进化论的长篇演说,他的演说暴露了他对达尔文学说的完全无知。然而凭着"辩才",他的话很动听,不时引起贵妇们的阵阵哄笑。

后来威尔勃福斯完全离开了议题,对参加这次会议的英国著名生物学家赫胥黎施展恶意的嘲弄。他说:"赫胥黎教授就坐在我的旁边,他是想等我一坐下来就把我撕成碎片的,因为照他的信仰,他本是猴子变的嘛!不过,我倒要问问,你这个猴子子孙的资格是从哪里得来的?与猴子发生关系的是你祖父这一方,还是你祖母那一方?"

你知道聪明的赫胥黎是怎么应答的吗?

79. 回敬

孔融小时候非常聪明,有很多人都当面夸他。一次,一位眼红的官员却打击他说:"很多小时聪明的人,长大了以后就不怎么样了。"小孔融马上回敬了一句话,就让对方满面羞愧。

你知道孔融说了什么吗?

80. 遇见上帝

有一个人遇见上帝。上帝说："现在我可以满足你任何一个愿望,但前提是你的邻居会得到双份的报酬。"那个人高兴不已。但他细心一想,如果自己得到一份田产,邻居就会得到两份田产了;如果要一箱金子,那邻居就会得到两箱金子了。更要命就是,如果要一个绝色美女,那么那个看来要打一辈子光棍的家伙就同时会得到两个绝色美女……

他想来想去,总不知道提出什么要求才好,他实在不甘心被邻居白占便宜。

最后,他终于有了一个好主意,你知道是什么吗?

81. 岳母的刁难

小董去女友家看望未来的岳母,准岳母对这个女婿很满意,但想难为他一下,就对他说:"我女儿夸你很聪明,如果你能说出青海湖共有几桶水,我就不要彩礼把女儿嫁给你,否则我就要再考虑考虑了。"小董女友听了妈妈的话,很为小董捏一把汗,这个问题可不好回答。但是小董眨眨眼睛很快说出了个让准岳母满意的答案。

你知道小董是怎么回答的吗?

82. 心灵感应

小明和小红刚刚结婚,两人搬到了自己的小屋,开始美好的新婚生活。住了3个月后,小红发现了一个奇怪的事情:小红每次在家里的时候,小明都会在窗外喊一声:"老婆开门。"小红觉得很奇怪,就问小明原因,为什么小明知道她在家。小明就说:"因为我们俩有心灵感应啊!"真的是这样吗?

83. 反驳

一场可怕的暴风雨过去后,一位大腹便便的暴发户对旁边的哲学家阿里斯庇普说道:"刚才我一点也没害怕,而你却吓得脸色苍白。你还是个哲学家呢,真不可思议。"

你知道阿里斯庇普是如何反驳的吗?

84. 你有什么了不起的

从前有一个人,他的爸爸做了大官,儿子中了状元,唯独他什么官也没有做。

因此,爸爸和儿子都看不起他,平时难免对他说些讥讽、嘲笑的话。

但此人颇有自我解嘲的本领,当他爸爸和他儿子嘲笑他的时候,他总能找出一些理由来反驳他们。你知道他是怎么说的吗?

85. 谁比谁聪明

假日的动物园里,有一个爸爸带着孩子四处观看,孩子开心得又跑又跳。

到达猴子区时,爸爸转头跟他的孩子说:"你想不想看猴子表演?"

"好耶!要怎么做呢?"孩子回答道。

爸爸拿走孩子手上的爆米花,然后高高地抛往猴子处。只见老猴子飞身一跃,在半空中接住了爆米花,然后轻巧地落在地面上,将爆米花放入嘴中。

爸爸又拿出一颗爆米花,抛向高高的天空,老猴子又是一个飞跃……

小孩问爸爸:"为什么要费力将爆米花丢那么高呢?丢在地上让猴子自己捡来吃不是一样吗?"

爸爸说:"傻孩子,爸爸如果不将爆米花往高处抛,猴子会往上跳吗?你看猴子跳得多滑稽,这样不是很好玩吗?"

围栏内,小猴子也在问老猴子:"妈妈,你为什么要跳那么高去接爆米花呢?等爆米花掉在地上后再去捡来吃,不也一样吗?"

你知道老猴子是怎么解释的吗?

86. 擦皮鞋

有一次,一位记者看见美国的林肯总统在自己擦自己的皮靴,便非常吃惊地赞扬道:"总统先生,您真是太伟大了,您经常自己擦皮鞋吗?"

你知道林肯是怎么回答的吗?

87. 一件旧大衣

一天,爱因斯坦在纽约的街道上遇见一位朋友。

"爱因斯坦先生。"这位朋友说,"你似乎有必要添置一件新大衣了,瞧,你身上这件多旧啊。"

"这有什么关系?反正在纽约谁也不认识我。"爱因斯坦无所谓地说。

几年后,他们又偶然相遇,这时爱因斯坦已经誉满天下,却还穿着那件旧大衣。他的朋友又建议他去买一件新大衣。

爱因斯坦依旧不去买,你知道这是为什么吗?

88. 中国人的幽默

沙漠中,一个美国人、一个法国人、一个中国人结伴而行。途中遇到一个灯神,灯神对他们说:"我能帮你们每个人实现三个愿望,现在说出你们的愿望吧。"

美国人先许愿,他说:"我要很多很多的钱。"于是灯神给了他很多的钱。美国人接着说:"我还要更多的钱。"灯神又实现了他的愿望。美国人最后说道:"把我和这些钱都送回家吧。"于是美国人带着一大笔钱回到了家乡。

然后是法国人许愿,法国人说:"我要很多的美女。"灯神给了他很多美女。法国人继续说:"我还要更多的美女。"灯神也实现了他这个愿望。法国人最后许愿说:"把我和这些美女都送回家吧。"于是法国人带着一群美女回到了家乡。

最后是中国人，只见中国人慢吞吞地往地上一坐，说："给我来瓶二锅头。"灯神给了他一瓶二锅头。中国人优哉游哉地把酒喝完，然后说："再给我来瓶二锅头。"灯神又给了他一瓶。中国人很快又喝完了，这时他拍了拍脑袋，对灯神说："我有点想念我的两个同伴了，你把他们弄回来吧。"

……

接着美国人、法国人、中国人继续结伴在沙漠中行走，美国人、法国人对中国人十分愤恨，却也没办法。

不久，他们又碰到一个灯神，这个灯神法力稍弱一些，他说："我可以帮你们每个人实现两个愿望，你们需要什么尽管说。"

这一次美国人和法国人学乖了，他们让中国人先许愿，以免又被拉回来。

这个中国人还是不想让另外两个人得逞，你知道他是如何做的吗？

89．打棒球的男孩

有个小男孩头戴球帽，手拿球棒与棒球，全副武装地在校园里的棒球场上练习。

"我是世上最伟大的打击手。"他满怀自信地说完后，便将球往空中一扔，然后用力挥棒，但却没打中。

他毫不气馁，继续将球拾起，又往空中一扔，然后大喊一声："我是最厉害的打击手。"他再次挥棒，可惜仍是落空。

他愣了半晌，然后仔仔细细地将球棒与棒球检查了一番。

之后他又试了三次，这次他仍告诉自己："我是最杰出的打击手。"然而他这一次的尝试还是挥棒落空。

但是转念一想，他又非常高兴地跳了起来。你知道他为什么这么高兴吗？

90．割草的男孩

一个替人割草打工的男孩打电话给一位陈太太说："您需不需要割草？"

陈太太回答说："不需要了，我已有了割草工。"

男孩又说："我会帮您拔掉花丛中的杂草。"

陈太太回答："我的割草工也做了。"

男孩又说："我会帮您把草与走道的四周割齐。"

陈太太说："我请的那个人也已做了。谢谢你，我不需要新的割草工人。"

男孩便挂断了电话，此时男孩的室友问他："你不就是陈太太的割草工吗？为什么还要打电话？"

你知道男孩为什么打这个电话吗？

您需不需要割草？

第二部分　机智幽默

91．将兵游戏

在做游戏时,假如你是司令,你手下有2名军长、5名团长、10名排长和25名士兵,那么请问他们的司令今年几岁了?

92．习惯标准

晚饭后,母亲和女儿一块儿洗碗盘,父亲和儿子在客厅看电视。

突然,厨房里传来打破盘子的响声,然后一片沉寂。

儿子望着他父亲,说道:"一定是妈妈打破的。"

父亲:"你怎么知道?"

你知道儿子是怎么知道的吗?

93．《语文》

哥哥和弟弟玩藏东西游戏。哥哥说:"我把一张百元钞票藏在了咱家书架上那本《语文》的第49页和第50页之间了。"弟弟一听,马上否定了哥哥说的话。你知道弟弟为什么这么肯定吗?

94．地主的刁难

一个地主不愿给长工工钱,便对长工说:"你只要回答出我的问题,我就把工钱给你;如果你回答不出来,就别来要工钱了。问题是:我把一只5千克的鸡装进一个只能装1千克水的瓶子里,你用什么办法可以把它拿出来?"

长工一听,顿时傻了眼,不知如何回答。

聪明的读者,你知道该怎么对付这个地主的刁难吗?

95．捏面人

一个捏面人的手艺人在街边做生意,捏了好多面人卖。为了招揽顾客,他捏了一个一寸高的精致小面人,取名为"一寸人",并以此为谜面,猜一个字。谁要是能猜得出来,就可以白吃白拿他的面人。好多人都好奇地来看,可就是没人能猜得出来。最后,一个八九岁的小男孩看到了,跑过去拿起面人就跑。旁边的人想去追却被手艺人制止了,说他已经答对了。

你知道这是为什么吗?

96．聪明的男孩

有个小男孩,有一天妈妈带着他到杂货店去买东西,老板看到这个可爱的小孩,就打开一罐糖,要小男孩自己拿一把糖果,但是这个男孩却没有任何动作。几次邀请之后,老板亲自抓了一大把糖果放进他的口袋中。

回到家中,母亲好奇地问小男孩,为什么没有自己去抓糖果而要老板抓呢?

你知道小男孩是怎么回答的吗？他为什么没有自己去抓糖果呢？

97．买东西（1）

一个聋哑人进了一家杂货店，他准备买一把锤子，并向售货员做出了一个动作：右手握紧举起来敲一下桌子。于是售货员就明白了，拿了一把锤子给他。

接着来了一个盲人，他要买剪刀，那他应该怎么做呢？

98．他在干什么

一天放学后，小明写完作业打算去找同学小刚玩。到了小刚家门口，遇见了小刚的爸爸。小明说要找小刚玩，小刚的爸爸说："不行啊，他正忙着呢！"

小明问："作业早就应该写完了，他在忙什么呢？"

小刚的爸爸拿出一张小刚写的纸条交给小明，说："这是小刚写的，你看明白了就知道他在干什么了。"只见纸条上写着："他一句，我一句，他说千百句，我也说千百句。我说的，就是他说的。"

你知道小刚在干什么吗？

99．戏弄和珅

纪晓岚与和珅素来不和。一次，和珅新建了一处庭院，请纪晓岚为他题个匾。纪晓岚马上就答应了他，随即提笔写下了"竹苞"两个苍劲有力的大字。和珅以为纪晓岚这两个字是取自"竹苞松茂"，甚是喜欢，马上挂了起来。

可是没过多久，就有很多人取笑他。和珅了解真相后非常生气，把匾摘下来砸了个粉碎。

你知道他为什么要砸匾吗？

100．没有写错

谁都知道张作霖大字不识几个。一次，他应邀参加一个酒会，酒会上有个日本人，想让张作霖出丑，便提出让张作霖写一幅字。张作霖叫人拿出纸笔，一挥而就写下一个"虎"字，然后落款写下一行小字："张作霖手黑"。

众人一看，哈哈大笑，本来应该是"手墨"的。旁边张作霖的秘书小声提醒张作霖少写了个"土"字。

你知道张作霖是怎么说的吗？

101．讽刺慈禧

据说在慈禧太后修建颐和园的时候，请了一个画师为她的仁寿殿画一幅屏风。画师一向痛恨慈禧太后，但又不敢违背命令，只好勉强答应。

到了献画的那天，慈禧带着文武百官一起来赏画。只见画师画了一个仙童，托着一个寿桃。后面整齐地站着西方各国的军队。旁边一个大臣阿谀奉承地说："这是仙童贺寿，万国来朝！好！好！"慈禧也很满意，赏赐了画师，让他离开了。

可是过了不久，慈禧终于想明白了，这幅画是在讽刺自己。再去找那位画师，人已经逃走了。

第二部分 机智幽默

你知道画师的真正意思是什么吗?

102．巧断讹诈案

有一次,平原县县令外出,看到一群人围着两个人议论纷纷,便下命停轿下去查问。

一个中年胖子立刻跪倒在地对县令说:"我装着十五两银子的钱袋被这个年轻人拾到了。可是,他说钱袋里只有十两银子。"

那个年轻人急忙跪下说:"老爷,我早晨给我妈妈买药,拾到一个装着十两银子的钱袋。因为着急就先回家送药,母亲催我回来等失主。这位先生来了硬说里面是十五两银子!"

众人都说胖子讹人,替年轻人喊冤。县令见状便问胖子:"你丢的银子真的是十五两吗?"

"确确实实是十五两银子。"胖子肯定地回答道。

县令当即对胖子说了句话,众人都拍手称快。

请问:县令说了句什么话?

103．幽默家的牌匾

一个幽默家经常为一些店铺写牌匾,即通过幽默的方式把店铺的行当表达出来。比如饺子馆的牌匾是"无所不包",服装店的牌匾是"衣帽取人",当铺的牌匾是"当之无愧"。

这天,一家药店的老板也来找幽默家求匾。幽默家想了想,就题了四个大字。在场的人无不拍案叫绝。

你知道幽默家为药店题的牌匾是什么吗?

104．华佗骂贪官

一次,一个贪官找到神医华佗,要他给自己开一副延年益寿的药方。华佗随手为他开了一个处方:柏子仁 2 钱,木瓜 3 钱,官桂 2 钱,柴胡 3 钱,益母草 2 钱,附子 3 钱,八角 1 钱,人参 3 钱,台乌 2 钱,上党 2 钱,山药 3 钱。

贪官一看如获至宝,回到衙门后马上叫人去抓药。这时他的师爷看到了药方后,对贪官说:"大人,这不是什么延年益寿的药方,是华佗在骂你。"

你知道华佗是如何骂贪官的吗?

105．办不到

一对年轻人在教堂结婚。牧师问新郎:"你是否爱你的妻子,愿意一辈子爱她,照顾她?"

新郎回答:"我愿意。"

牧师又问新娘:"你是否愿意永远跟着新郎,直到死亡的那一天?"

新娘回答道:"那可办不到,我又不可能每天都跟着他挨家挨户去送牛奶。"

请问：新娘的言论错在哪里？

106．超重

一位老太太去邮局寄信。工作人员对她说："你的信超重了，得再贴一张邮票。"

老太太回答："再贴一张邮票？那不更重了吗？"

请问：老太太的言论错在哪里？

107．种金子

一天，阿凡提借来几两金子，然后把它们埋在土里，浇了一些水。正好皇帝经过此处，看到了阿凡提奇怪的举动，便上前问道："你在这儿做什么啊？"

"我在种金子。"阿凡提回答说。

"种金子也能收获吗？"皇帝听了很惊讶地问。

"当然可以了，过一个月就可以收割了。"阿凡提回答道。

皇帝很高兴，马上拿出几两金子要和阿凡提合伙种。阿凡提接过来与自己的金子埋在了一起。

过了一个月，阿凡提拿着一斤金子来到皇宫，交给皇帝，说："这是你那份金子的收成。"

皇帝一看，非常高兴，马上从国库中拿出数百斤的金子交给阿凡提叫他替自己种金子。

阿凡提收起黄金，出了皇宫后把这些金子全数分给了穷人。

一个月后，阿凡提两手空空地来到皇宫。皇帝问他："我叫你种的金子呢？"

你知道阿凡提是怎么回答的吗？

108．让路

一次，德国著名的文学家歌德在公园散步，在一条狭窄的小路上与一位批评家相遇了。批评家傲慢地说："我从来不给蠢货让路。"歌德笑了笑，说了一句话后，自然地退到了一边。说得批评家哑口无言。你知道歌德说的是什么吗？

109．纪晓岚的计谋

乾隆二十三年，皇帝大兴文字狱，江南才子何庆芳一家被判处满门抄斩，纪晓岚苦苦哀求，皇帝还是不答应放人。

就在行刑前一天，纪晓岚来到大殿对皇帝说："陛下，何庆芳一家人确实罪恶滔天，您对他的判决公正无比。不过最近《四库全书》刚修完明史最后一册，请您允许我把这册书读给他听。在我读完之前，请您不要下令杀死他。"乾隆心想："这一册我看过，只有一百多页，读完也不需要多少时间。再说，何庆芳因为修明史被牵连，让他读读正史，也能彰显国威。"于是就同意了。

得到了皇帝允许后,纪晓岚就到监牢为何庆芳读书,和珅在旁边看着。谁知刚读完第一天,和珅就发现了一个问题:何庆芳相当于被取消了死刑。他很气愤地到皇帝面前告纪晓岚的状。这时,皇帝明白了纪晓岚的苦心,只是哈哈一笑而过。

你知道纪晓岚用了什么计谋吗?

110. 巧记圆周率

对于圆周率,我们一般只用到它小数点后的两位,即 3.14。其实圆周率是一个无限不循环小数。小数点后 22 位的圆周率为 3.141 592 653 589 793 238 462 6。你能想到最简单的办法在最短的时间内把这些数字背下来吗?

111. 推销作品

英国著名小说家毛姆在成名之前,有段时间生活过得非常艰苦。好不容易出版了一本有价值的新书,可因为种种原因,一直无人问津。

为了引起人们对这本书的注意,毛姆在报纸上登了一则征婚启事。几天之后,毛姆的书一下子就被抢购一空了。你知道毛姆的征婚启事都写了什么吗?

112. 解除尴尬

在一次演讲比赛中,一位演讲者刚刚走上讲台,被电线绊了一个趔趄,差点摔倒。这一意外情况引起了台下听众的哄堂大笑。但这位演讲者没有一丝的惊慌,而是从容地说了一句话,听众席上响起了热烈的掌声,都为他的机智和应变能力喝彩。你知道他说的是什么吗?

113. 巴尔扎克的幽默

一天夜里,一个小偷溜进了法国大作家巴尔扎克的房间,正准备去撬他的写字台的锁。睡梦中的巴尔扎克被吵醒,见到这个情景不由地放声大笑起来。小偷惊慌失措,又觉得莫名其妙,问道:"你笑什么?"你知道巴尔扎克是怎么回答的吗?

114. 演讲

一次,英国首相威尔森发表竞选演说,在进行到一半时,突然底下一位反对者大声叫喊道:"狗屎!垃圾!"很明显,他是在讥讽威尔森的演说。对此,威尔森微微一笑,平静地说了一句话,机智地化解了这个尴尬的场面,也使反对者哑口无言。你知道他是怎么说的吗?

115. 讲故事

一天,阿凡提要去澡堂洗澡,路上被迎面过来的一群小孩子围住了。孩子们央求阿凡提:"阿凡提,给我们讲个故事吧!"阿凡提急着去洗澡,不肯讲。可是,孩子们怎么也不肯放他走。没办法,阿凡提只好坐下来讲道:"一天,阿凡提要到澡堂去洗澡……"刚说到这里,阿凡提就停住了。孩子们赶紧在一旁追问:"后来怎么样了?"阿凡提双手一摊开,说了一句话,孩子们就让阿凡提去洗澡了,你知道阿凡提说的是什么吗?

116．装睡

小明每次装睡的时候都会被哥哥发现,小明觉得很奇怪,就问哥哥原因。哥哥说:"那是因为我有特异功能!"真的是这样吗?

117．德政匾

古时候有个贪官离任,当地老百姓送给他一块德政匾,上面写着"五大天地"四个大字。贪官不解其意,十分高兴,竟然还挂了起来,因而经常被人偷偷笑话,这块德政匾幽默而又辛辣地讽刺了离任的贪官。你知道这五大天地是什么意思吗?

118．傲慢的夫人

一次,马克·吐温与一位漂亮的夫人对坐。马克·吐温客气地称赞对方道:"您真漂亮!"哪知这位夫人十分傲慢无礼,答道:"可惜我实在无法同样称赞你!"马克·吐温马上笑了笑说了一句话来回敬对方,你知道他说了什么吗?

119．两堵墙

一面墙对另一面墙说了一句话,并很快应验了。你知道它说了什么吗?

120．无法修改

什么东西的尺寸做大了就改不了了?

121．买东西（2）

小明去店里买东西,可是所有的柜台里都空空的,小明却买到了他要的东西。你知道小明买的是什么吗?

122．聪明的书童

明朝有一个著名的文学家叫冯梦龙,一年夏天,有位朋友前来拜访,冯梦龙邀请对方去后院赏花饮酒。他们来到后院,冯梦龙突然想起忘记了一样东西,便叫书童去取。书童问取什么,冯梦龙随口说道:"有面无口,有腿无手;又爱吃肉,又爱吃酒。"书童马上就猜出是什么了,不一会就把需要的东西取来了。你知道冯梦龙要的是什么吗?

第三部分 巧猜谜语

123．招贤谜题

在福建泉州有一座石桥,叫"招贤桥"。据说在明末清初,民族英雄郑成功曾经在这座桥上召集人员加入抗清义军。当时,郑成功命人在桥上摆一张桌子,桌子旁的牌子上写着"招贤"二字,桌上放着一碗清水、一根熄灭的蜡烛和一块取火用的火石。

这个招贤谜题摆出后,吸引了很多人来看热闹,却没有人能够弄明白这样布置究竟是什么意思。

过了一段时间,来了一位衣衫褴褛的彪形大汉,他看了看桌上的摆设,略一思索,便走上前去,把那只装满清水的碗倒扣在桌上,并用火石取火点燃了蜡烛。

在旁边的士兵看了之后,马上禀告郑成功。郑成功一听大喜,马上召见这位大汉,认为他就是自己想要召集的贤士。

你知道这是为什么吗?郑成功的这个布置到底是什么意思?

124．对哑谜

苏东坡和佛印和尚是好朋友,他们经常以诗文相互挖苦挤兑,借此取乐。一天,两人泛舟长江之上。苏东坡突然用手往岸上一指,看着佛印笑而不语。佛印顺势望去,只见一条黄狗正在岸边啃骨头,顿有所悟,顺手将手里题有苏东坡诗句的折扇扔入水中。两人面面相觑,不禁大笑起来。

你知道两个人在猜什么哑谜吗?

125．生物课

上生物课的时候,小明得意扬扬地坐在那里,老师觉得有点蹊跷,便问道:"小明,你为什么这么得意呢?"

小明自豪地回答说:"我知道有一样东西,它有四条腿和两只手臂。"

老师绞尽脑汁想了半天还是没有猜到是什么。你知道小明说的究竟是什么吗?

126．奇怪的顾客

一天,一家熏肉店来了一位奇怪的顾客,想要"皮外皮,皮内皮,皮里皮外皮,皮打皮"四个菜。熏肉店老板不知道顾客到底想要什么，十分为难。这时，老板10岁的小儿子刚好放学回来，看到了这位顾客的菜单，灵机一动，就解出了顾客的谜题，原来这些都只是猪身上的一些部位。你能猜到它们分别是什么吗？

127. 聪明的孩子

从前，有一个老头很聪明也很喜欢出一些奇怪的题目考别人。他有三个儿子，都娶了媳妇。一天，老头跟三个儿媳妇说："你们都好久没有回娘家了，今天就让你们回去看看吧。"三个儿媳妇一听都非常高兴，忙问公公她们可以在娘家住多久。老头说："大媳妇住三五天，二媳妇住七八天，三媳妇住十五天。三个人要同去同回。"老头接着又说："这次回去，你们要带些东西回来孝敬我。大媳妇带'骨头包肉'，二媳妇带'纸包火'，三媳妇带'河里的柳叶沤不烂'。"

三个媳妇走到大门口，开始犯了难，要求的时间不一样，还要同去同回，还有带的礼物，更是听都没听过，可又不敢直接问公公。正不知如何是好的时候，一个小孩子从门前经过，看到她们愁眉苦脸的样子，就问她们怎么了，三人忙把事情原委告诉了小孩子，小孩子笑着说："这好办，你们照我说的做就可以了。"说完教给了三个人该住多久，分别带什么礼物。三个人听完非常高兴，欢欢喜喜地分别回娘家去了。

你知道三个媳妇该住几天，该带什么礼物吗？

128. 下一站去哪儿

姜明住在苏州，他的老同学王凯准备用假期时间四处旅游一番。很快苏州之行就要结束了，三天的热情款待，王凯对姜明深表谢意。姜明笑道："都是老同学老朋友了，不必客气。你下一站准备去哪儿呢？我给你订票。"王凯开着玩笑说："那我可要考考你了，我的下一站是'舍车登舟'，你猜猜我打算去哪儿？"姜明想了一会儿，就猜出了王凯的目的地，并且准确地给他买了车票。

你知道王凯的谜语是什么意思吗？他的下一站去哪儿？

129. 出差的地点

一天晚上下班后，小明回到家中，对老婆说："老婆，我下周要去两个地方出差。"老婆问："都去哪儿呀？"小明拿起书桌上的一只圆规，在白纸上画了个圆圈，回答道："你看我画的鸡蛋像不像？这就是我要去的第一个地方。"老婆又问："那第二个地方呢？"小明回答说："只要路上不出意外，我就可以到达第二个地方了。"老婆听后，一下子就猜出了小明去出差的地点了。你知道他要去的地方是哪里吗？

130. 接头暗号

过完元旦不久，一天，警方接到群众举报，说有一犯罪团伙要在近期接头，接头暗号为"一腊西塔"。按以往调查的证据来看，这个犯罪团伙的接头暗号一般都暗示有接头的时间和地点。但当地只有一座博雅塔，接头暗号里的"塔"应该指的就是接头地点"博雅塔"了，那接头的时间又是什么时候呢？

131. 酒鬼的外甥

有个酒鬼,非常喜欢喝酒,而每次喝完酒之后不是骂人就是打架,经常误事。他的亲戚朋友每次劝他少喝酒,他表面答应,却总也改不了。

这天,这个酒鬼收到了一封信,看字迹是他的小外甥写的。小外甥才八岁,很多字都不会写。只见这封信里,写的全是数字:

99

81797954

7612984069405

1.290817

酒鬼舅舅仔细研究了半天,终于看懂了外甥的意思。

亲爱的读者,你看明白了吗?

132. 徐文长题字

徐文长是明代嘉靖年间著名画家、文学家,与解缙、杨慎并称"明代三大才子"。

一次,一家新开的点心店求他给题字做成招牌,于是徐文长就写了一个大大的"心"字送了过去,只是这个"心"字中间缺了一个点。店主看了之后觉得很是奇怪,但还是挂了上去。挂上招牌后,很多人来看字,点心店的生意一下子好了很多,店主也很高兴。

过了一段时间,点心店生意越来越好,店主为了多赚钱,就开始偷工减料。慢慢地,生意逐渐变差了。店主认为是招牌上的"心"字缺了一点的缘故,于是命人用黑漆将那一点补了出来。没想到,店里的生意反倒更不好了。

店主无奈,只好来找徐文长出主意。徐文长看到店主有了悔过之意,便叫他以后务必良心经营,并给他出了一个主意,把那个"心"字稍加修改。不久,店里的生意又好了起来。

你知道一开始,徐文长为什么把"心"字不加点吗?后来徐文长又给店主出了什么主意呢?

133. 牧童的谜语

明代三大才子之一的解缙,16岁就考中了县里的头名秀才。第二年,他满载乡亲父老的厚望,去省府南昌参加乡试。这一天,解缙走到一个三岔路口,不知道哪条才是去往南昌的路。犹豫间,正巧一位牧童骑着一头水牛从远处缓缓走来。解缙连忙迎上前去,深施一礼,问道:"请问这位小弟弟,我想去南昌,该走哪条路呢?"

牧童一看这位书生彬彬有礼,很是高兴,知道他是应考的秀才,便想试一试他的学问,于是答道:"我做一个动作,你自己猜一猜吧!"

只见牧童翻身下了水牛,走到路边的一块大石头后面藏好,然后从上面伸出了头。

解缙一看,心领神会,连声谢道:"谢谢小弟弟为我指路!"说完再次深施一礼,朝牧童所指的方向走去。

你知道解缙走的是哪条路吗?牧童的谜语是什么意思?

134．狄仁杰解难题

武则天在位时期，有个番邦小国派使者来朝中进献礼品，同时还带来了一个谜语："小时候有两个角，十四五岁没有角，但是长得圆又胖，显得可爱又美妙。十八九岁又变小，又小又瘦又有角，等到活了三十岁，它的寿命就完了。"

朝堂之上的大臣们都没有猜出来答案是什么，可我堂堂中原大国，岂能被番邦小国难倒？没办法，武则天只好命人去找此时正在狱中的狄仁杰。狄仁杰听说了谜题的原委，很快就猜出来了，并伸出一只手指向上指了指。

你能猜出答案到底是什么吗？

135．摇钱树

古时候，有一个懒汉身强力壮，却每天不爱干活，总想着能够不劳而获。他听说有种摇钱树，上面结满了金钱，摇一摇就会有数不清的钱掉下来，于是他就开始四处寻找。

一天，他遇到一位老大爷。老大爷见他一副寻找东西的焦急模样，便问他要找什么。他回答说："我在找摇钱树，你看到过吗？"老大爷一听哈哈大笑，说："这还不简单，我知道摇钱树在哪儿！"懒汉非常高兴，马上追问摇钱树的下落。老大爷说道："你听好了——摇钱树分两枝，一枝五杈合为十。娘胎出来随身走，就看自己识不识。"

懒汉一听，拍了一下自己的脑袋，朝老大爷深深地鞠了一躬，说："我知道在哪儿了！"从此，懒汉终于过上了不愁吃喝的日子。

你知道这个摇钱树在哪里吗？

136．猜称谓

精忠报国。猜两个称谓。

137．猜词语

两人并肩，不缺一边，大可相见，十字撇填。猜一四字词语。

138．猜文具

四四方方一块，乌黑一片，白龙弯弯一走，脚印谁都能见。猜一文具。

139．猜动物（1）

凸眼睛，阔嘴巴，尾巴倒比身子大。一下钻到草底下，开出一朵火红花。猜一动物。

140．猜植物

一个小姑娘，住在清水塘，穿件粉红衫，坐在绿船上。猜一植物。

141．数字谜语

(1) 21。打一中药。

(2) 千。打一人体器官。

(3) 24。打一体育术语。

(4) 50+50。打一花名。

(5) 1 000。打一成语。

142．郑板桥劝学

一天,郑板桥路过一家学堂,发现很多孩子都在玩闹而没有学习,便上前劝说。无奈,孩子们贪玩,对他的话不加理会,所以郑板桥说:"这样吧,我给你们猜个谜语,你们如果能够猜出来,就可以继续玩,要是猜不出,就要好好读书。"

孩子们答应了。郑板桥看了一眼旁边厨房里的一样东西随口说道:"嘴尖肚大个不高,放在火上受煎熬。量小不能容万物,两三寸水起波涛。"

孩子们猜了半天也没有猜出谜底,只好去读书了。

你知道谜底是什么吗?

143．两位老人

一天,两位老人在公园锻炼身体的时候相遇了。一个老人问另外一个老人的年龄,老人并没有直接回答,而是用木棍在地上写了个"本"字,叫另外一个老人猜。对方笑着说:"那我比你的年龄要大一些。"问他多大年纪,他也是用木棍在地上写了一个"白"字。

你知道两个老人分别多大年纪吗?

144．巧骂财主

清代乾隆年间,有一个财主,欺压百姓。这个人没什么文化,却总爱附庸风雅。

一次,他想重金请郑板桥为他题字。郑板桥向来看不惯这种人,但这次却爽快地答应了,挥毫写下了"雅闻起敬"四个大字,并告诉财主把每个字的偏旁部首都漆成与字不同的颜色,这样效果更加突出。财主想都没想就接受了郑板桥的建议。可是牌匾挂了几天就被财主摘下来了,因为很多人都因为这块匾笑话他。

你知道这是为什么吗?

145．情侣问路

一对情侣在深山里游玩迷了路,在一个路口遇到一个老大爷在树边休息,于是两人走上前去问路。老大爷说:"要女孩走开。"

男孩有点奇怪,但为了满足老大爷的要求,还是让女孩到旁边去等自己,再向老大爷问路。老大爷还是那句话:"要女孩走开。"

男孩无奈地说:"我已经让她走开了,你快告诉我该走哪条路吧。"

老大爷说:"我已经告诉你了。"

你知道老大爷是怎么告诉他的吗?

146．秀才猜字

从前,有个秀才上京赶考,路上口渴想要喝水,正巧看到前面有一口井,井边有个小孩子,于是秀才对小孩说:"小朋友,可否给我点水喝呢?"

小孩说:"想要喝水不难,只要你猜出我的谜语。"秀才答应了。

小孩说:"上边有口无盖头,下边有口没堵头,左右有口无挡头,中间有口没舌头。"秀才想了想,马上就猜出了答案。

你知道小孩的谜语的谜底是什么吗?

147．猜字谜（1）

窝头,火腿,点心。猜一字。

148．猜字谜（2）

蜻蜓点水。猜一个字。

149．猜字谜（3）

有一个字,去掉左边是树,去掉右边是树,去掉中间也是树。你知道这个字是什么吗?

150．猜字谜（4）

关羽坐失华容道。猜一字。

151．猜字谜（5）

一个字,两个口,下面还有一条狗。

你知道这个字是什么吗?

152．猜字谜（6）

一个字,生的巧,四张嘴,一只脚。

你知道这个字是什么吗?

153．猜字谜（7）

一个字,生得好,六张嘴,两个头,没有脚。

你知道是什么字吗?

154．猜字谜（8）

高爷爷的头,李爷爷的脚,郑爷爷的耳朵。

你知道是什么字吗?

155．水的谜语

（1）什么字一滴水?

（2）什么字三滴水?

（3）什么字四滴水?

（4）什么字六滴水?

（5）什么字十滴水?

（6）什么字十一滴水?

156．答非所问

两个陌生人第一次相见，聊得很投机，其中甲问乙："请问你姓什么？"

乙回答说："没心思。"

甲："……你姓什么？"

乙："我不是已经告诉你了吗？"

请问乙到底姓什么呢？

157．出门旅游

小明高考完毕之后打算去几个城市旅游，朋友问他想去哪些城市，小明回答说："海上绿洲，四季花红，风平浪静，银河渡口，巨轮启动，不冷不热的地方，这些我都要去。"

弄得朋友有点丈二和尚摸不着头脑。

你知道小明到底想要去哪几个城市吗？

158．用谜语解谜语

司马光听说黄庭坚文采非凡，便想请他作为自己的助手。一天，他邀请黄庭坚来家中做客。闲聊的时候，司马光随口出了一个谜语："荷花露面才相识，梧桐落叶又离别。"

黄庭坚一听，马上就懂了司马光的意思，随口也出了一个谜语："有户人家没有墙，英雄豪杰里面藏。有人说他是关公，有人说是楚霸王。"

司马光一听哈哈大笑，对黄庭坚刮目相看。

你知道两个人的谜语都是什么吗？

159．聪明的杨修（1）

曹操身边有一个谋士叫杨修，此人非常聪明。一次，曹操派人修建宫殿，完毕之后曹操来巡查。看了之后比较满意，但也有些细微之处略感不悦。临走时，曹操什么话也没说，只在大门上写了个"活"字，弄得一帮工匠不知如何是好，只有杨修建议大家把大门重新修建，扩大一些。结果改过之后，令曹操很是满意。

你知道曹操的那个"活"字是什么意思吗？

160．聪明的杨修（2）

一次，曹操收到一盒酥饼，就在盒子上竖着写了"一合酥"三个大字，放了门口的案台上。大家都不明白是什么意思，主簿杨修看见了，就把酥饼分给大家一起吃了。曹操满意地笑了。

你知道曹操写的三个字是什么意思吗？

161．美食家

有一个小饭馆新开张，请来一位美食家为菜做点评。美食家尝了几个菜之后，写下了这样几句话："刘备求计问孔明，徐庶无事进曹营；赵云难勒白云马，孙权阵前乱点兵。"写完就走了。

店家看了看这几行字，也是一头雾水。

你知道美食家的几句话到底是什么意思吗？

162．见机行事

一天，小明带着几名同学想去拜访一位德高望重的老先生，走到他家门口时发现门上写着一个"心"字。同学们都很纳闷，只看见过有人在门上贴"福"字的，没看见过有人写"心"字，只有小明猜到了老先生的意思，带着同学们离开了。过了几天，小明又带着同学们去拜访老先生。这次他们在门上看到一个"木"字，小明便开开心心地带着同学们进去了。

你知道这是为什么吗？

163．酋长的谜语

一个年轻人被食人族抓了起来，食人族的酋长很崇敬聪明人，于是他对年轻人说："我给你猜个谜语，如果你能猜出来，我就放了你。"年轻人答应了。

酋长的谜语是：行也坐，站也坐，卧也坐，猜一物。

年轻人听了笑笑说："我也有一个谜语，请你猜一猜。"

年轻人的谜语是：行也卧，站也卧，坐也卧，也猜一物。

并补充说："我的谜底可以吃掉你的谜底。"

酋长恍然大悟，放了年轻人。

你知道这两个谜语的谜底分别是什么吗？

164．买水果

小明放假时帮妈妈卖水果。这天来了一位老大爷，看到小明聪明可爱，就想逗逗他，于是故意不说水果名称，而是说："我要买骨包肉，皮包肉各一斤，肉包骨不要。"小明一听就知道客人要什么了。

你知道老大爷要买什么吗？

165．打哑谜

这天是小明生日，早上一到学校，好朋友小刚就塞给他一幅画，上面画着一个五角星，下面画了一个女孩、一个男孩。小明略一沉思，就弄明白了小刚画的意思，于是拿起笔，在反面画了两朵枯萎的花，还给了小刚。小刚一看笑了，说："没想到你竟然看明白了！"

你明白两个人的意思了吗？

166．巧猜谜语

一天，小明和小刚在一起写作业，遇到一个很难的应用题，都解不出来。想着想着小明突然想起一个谜语来，就对小刚说："我给你出个谜语吧。牛角刀，猜一个字。"小刚想了想，小明的谜底肯定和写作业有关，终于猜到了。

你知道小明的谜底是什么吗？

167．猜名字

一天，王浩家来了两个同学，他们是一对双胞胎。王浩的弟弟问："哥哥，你这两位同学叫什么名字?"王浩趁机给弟弟出了个问题:"他俩的姓和咱俩差不多,是个宝贝。他俩的名都是一个字,而且长得很相似。哥哥的名比姓多了一个头,弟弟的名比哥哥的名多了两只手和两条腿。

你能帮王浩的弟弟想出他们叫什么吗?

168. 猜谜语（1）

小明放暑假的时候去乡下的爷爷家玩。这天天气很热,小明就去田里给干活的爷爷送水。爷爷很高兴,一边喝水一边对小孙子说:"我给你猜个谜语吧——不是溪流不是泉,不是雨露落草间,冬天少来夏天多,日晒不干风吹干。"

聪明的小明一下就猜出了答案,但是他并没有说出来,而是对爷爷说:"我也给你出个谜语——不是雨露不是泉,不是溪流也有源,在家少来下地多,它和勤劳紧相连。"

爷爷一听,原来两个谜语的谜底是同一个字,连连夸小明聪明。

你能猜出两人的谜语吗?

169. 猜谜语（2）

一次,苏东坡和苏小妹乘船远游。夜里,外面传来阵阵琴声。苏小妹深谙音律,被深深地吸引,便起身出舱查看。苏东坡看到了,叫住妹妹说:"这么晚了,还不休息,出舱干什么?"苏小妹随即解释道:"天黑出舱来,手扶木栏杆,心中无邪念,弹罢就归来。"苏东坡点了点头。

其实,苏小妹的回答正好是一则谜语,你知道谜底是什么吗?

170. 猜诗谜（1）

曹雪芹的著作《红楼梦》的第 22 回中,贾元春出了一首诗的谜题:"能使妖魔胆尽摧,身如束帛气如雷。一声震得人方恐,回首相看已化灰。"你能猜出谜底是什么吗?

171. 猜十个字

下楼来,金钱卜落;问苍天,人在何方;恨王孙,一直去了;詈冤家,言去难留;悔当初,吾错失口;交上有,交下无;皂白何须问,分开不用刀;从今莫把仇人靠,千里相思一撇消。猜十个字。

172. 猜动物（2）

叶公好龙。猜一种动物。

173. 猜人名

一天,小明放学回家,看到妈妈正在厨房做菜,就缠着妈妈给自己猜谜语。妈妈想了想,拿出一棵白菜,不由分说,把所有的绿色叶子全部削了下来,然后让小明根据这一举动猜一个人名。你知道妈妈指的是谁吗?

174．猜地名

根据下面的图形猜一新疆地名,你知道是什么吗?

木
木木
木木木
木木木木
木木木木木
木木木木木木

175．符号猜字

一天,小明和同学们写完作业后,突发奇想,对大家说:"我们今天学的是加减乘除四则运算,现在我们从这四个符号中去掉一笔,组成一个字,谁能告诉我是什么?"

你知道这个字是什么吗?

176．我是什么

我是动物,但我不是哺乳动物;
我是雄性,但我生育孩子;
我全身穿着甲衣;
我生活在温暖的水中;
我的眼睛可以各自独立工作;
你猜猜我是什么?

177．书童取物

北宋大文学家苏东坡和一个寺庙的和尚关系非常好。一天,他让自己的书童去寺庙的和尚处取一样东西,书童问取什么,苏东坡回答说:"你只要穿上木屐,戴上草帽,站在他的面前,他就知道我让你去取什么了。"果然,当书童出现在和尚面前时,和尚一看书童的打扮,就立即把苏东坡要的东西交给了书童。

你知道苏东坡让书童去取什么东西吗?

178．奇怪的字谜

一个字很奇怪,去掉上面是字,去掉下面是字,去掉中间是字,去掉上下还是字。你知道这到底是什么字吗?

179．猜谜语（3）

一天,小明从学校回来,就给爸爸猜了一个谜语:"古人留下一座桥,一边多来一边少。少的要比多的多,多的倒比少的少。"

你知道这个谜语的谜底是什么吗?

180．影射

一天，大书法家王羲之路过一家米铺，被热情的店主拦住，央求他给题个字来壮大门面。王羲之知道此人的店铺经常以次充好、缺斤短两来坑骗顾客，就当即挥毫写下了一个"恳"字。店主如获至宝，将字挂在店中炫耀。一天，一个秀才路过看见了这幅字，微笑着对财主说："这是人家在讽刺你。"经指点，店主才恍然大悟，一气之下将字幅撕了。

你知道这幅字影射了店主什么吗？

181．这个字读什么

"来"前面加个三点水变成"涞"这个字读什么？还是读作来（lái）。那么"去"左边加个三点水，还是读作qù吗？

182．文字游戏

"人"字加一笔，除了"大"字，还可以组成什么字？（找出两个）

183．这是什么字

"只"字加一笔，是什么字？

184．青铜镜

考古学家在西北某地发掘到了一面罕见的青铜镜。青铜镜背面除了一些装饰花纹外，居中铸着一只猴子和一头牛，奇怪的是猴子和牛只有身子没有头。

考古学家们经过反复研究，认为这个图案很可能隐藏着青铜镜的制造年代。王教授对猜谜颇有研究，他分析说这两个图案表示两个字，这两个字结合在一起，正符合中国古代天干地支纪年法，也确实暗示着制造的年代。那么，你知道这个青铜镜的制造年代吗？

185．姓什么

两个人偶遇，相谈甚欢，于是互相询问姓名。其中一人马上把一只老鼠放在盘子上，并对对方说，这就是我的姓氏。你能帮他猜一下，这个人姓什么吗？

186．谜语药方

一位老中医很爱开玩笑，连药方都喜欢用谜语来写。一次，他又开出了一副谜语药方。你来看一看，他到底需要哪些药材吧。

唯他不死 3 钱；通晓老娘事 2 钱；
机构繁多 2 钱；心怀宏图 3 钱；
假期已满 2 钱；全面清账 3 个；
刘关张结义 4 钱；枉评先进 2 钱；
骨科医生 1 钱；红色顾问 3 钱。

187．三人对谜语

一天，苏轼去妹妹苏小妹和妹夫秦观家中做客。闲来无事，三人开始猜谜语。苏轼出题说："我有一物生得巧，半边鳞甲半边毛。半边离水难活命，半边入手命难逃。"苏小妹也不甘示弱，接着说道："我有一物分两旁，一旁好吃一旁香。一旁眉山去吃草，一旁岷江把身藏。"秦观听完后，也随即说出一首诗谜："我有一物长得奇，半身生双翅，半身长四蹄。长翅想飞飞不高，长蹄能跑跑不远。"三人相视哈哈大笑，因为他们所说谜语的谜底是同一个字。你知道这个字是什么吗？

188．聪明的伙计

小明去一家小店里吃饺子。饺子的味道一般，但是用来蘸饺子的醋味道却非常好。小明便想开个玩笑，大声说道："一人一口又一丁，竹林有寺没有僧，女人怀中抱一子，二十一日酉时生。"旁边一个小伙计听完以后非常高兴，连声向小明道谢："谢谢夸奖，谢谢夸奖。"你知道小明的诗句是什么意思吗？

189．曹操的字谜

一天，曹操造了字谜给他的两个儿子猜："一对燕子绕天飞，一个瘦来一个肥；一年四季来一次，一月倒会来三回。"你知道是什么字吗？

190．聪明的唐伯虎

在唐伯虎年轻的时候，一次，他去山林中拜访隐居的名师。他走着走着竟然迷了路，在岔路口处有左、中、右三条大路，不知道该往哪个方向走。这时，他看到从远处走来一位姑娘。唐伯虎便上前问路。姑娘知道他就是江南四大才子之首，便存心想考考他，在地上写了个"句"字。唐伯虎想了一会儿，对姑娘深鞠一躬，向左边的那条路走去。你知道唐伯虎为什么走那条路吗？

191．谜对谜

王安石与王吉甫是好朋友，一次两人见面后，相互出谜语猜谜。王安石先出题："画时圆，写时方，冬天短，夏天长。"

王吉甫想了一下就知道了答案，但是他没有直接说出来，而是用另外一个谜语回答："东海有条鱼，无头亦无尾，去掉脊梁骨，便是你的谜。"

王安石听了之后与王吉甫相视而笑。

你知道他们的谜底是什么吗？

192．免费住店

又到了科举考试的时期，京城里聚集了很多各地的考生，把大大小小的客栈都住满了。"喜客来"客栈的王老板是个爱才之人，对住在店中的赶考书生们说："我这里有一个谜语，你们如果谁能答出来，我的店钱和饭钱可以全免。"考生们高兴地答应了。

王老板说出自己的谜语："唐虞有，尧舜无；商周有，汤武无。猜一字。"

秀才甲马上对道："跳者有，走者无；高者有，矮者无。"
秀才乙接着说道："善者有，恶者无；智者有，蠢者无。"
秀才丙接着说道："右边有，左边无；凉天有，热天无。"
秀才丁接着说道："哭者有，笑者无；活者有，死者无。"
秀才戊接着说道："哑巴有，聋子无；和尚有，道士无。"

王老板非常高兴，因为这五名考生所说谜语的谜底都与自己的谜底完全相同。当即，王老板就免了这五位考生的店钱。

你猜出这些谜语的谜底了吗？

193．孔子猜三天

一个字很简单，九横六竖，问孔子是什么？孔子猜三天。

你知道这到底是什么字吗？

194．小明姓什么

一天，小明去同学家玩，正赶上同学的奶奶八十大寿。同学的家人问小明姓什么，小明开玩笑地说："今天正好是奶奶的生日，我的姓也和生日有关。就是以'生日宴'作为谜面，谜底就是我的姓。"

你能猜出小明到底姓什么吗？

195．变新字

亚洲的"亚"字，加个偏旁部首，可以变成很多字。但是有两个偏旁，加上之后不但可以变成新的字，而且这个过程还可以猜一个成语。你能找出几个这样组成的新字呢？

第四部分　成语填字

196．歪打正着

小明的妈妈在动物园工作。一天,妈妈的同事来家中做客,带了一个可爱的老虎模型。同事把老虎模型放在小明家的一个盆景假山上,对小明说:"你可以做两个动作,分别代表一个成语。如果你做对了,我就把这只老虎送给你。"

小明非常喜欢这个老虎模型,但是他答不出来。拿起老虎玩了一会儿,又惋惜地放了回去。没想到同事竟然把老虎模型送给了小明,还夸他聪明。你知道这是怎么回事吗?

197．填成语

如图 4-1 所示,把这些象棋上的成语补充完整。你知道怎么填吗?

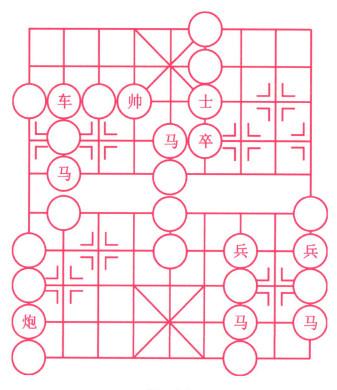

图 4-1

198．猜成语（1）

十天跑完长城,猜一个成语。

199．猜成语（2）

整个世纪的战略，猜一个成语。

200．猜成语（3）

不准超过 15 分钟，猜一个成语。

201．猜成语（4）

"朝辞白帝，暮至江陵。"猜一成语。

202．猜成语（5）

桃花潭水深千尺。猜一成语。

203．猜成语（6）

一天，爸爸让小明猜谜语，谜面是"火烧山倒，树毁多少？大人不在，云力自烧。"每句猜一个字，然后四个字组成一个成语。你知道谜底是什么吗？

204．情境猜成语（1）

妈妈下班回家，小明让妈妈陪他玩游戏。只见妈妈把电视机打开，看了几秒钟电视节目，就把电视机关掉了。然后对小明说："我刚才的两个动作分别猜一个成语，你要是能猜对，晚上我就给你做好吃的。"

你能帮小明猜出这两个成语是什么吗？

205．情境猜成语（2）

晚饭后，妈妈打算帮小明缝衣服。于是拿来针和线，对着灯光缝起来。爸爸在一旁看到了，对小明说："刚才妈妈的动作可以猜一个成语，你知道是什么吗？"

206．指针猜成语

如图 4-2 所示，根据图中钟表的指针位置，分别猜一个成语。

图 4-2

207．棋盘猜成语

如图 4-3 所示，观察这个棋盘，请根据这些棋子的布局猜两个成语。你知道是什么吗？

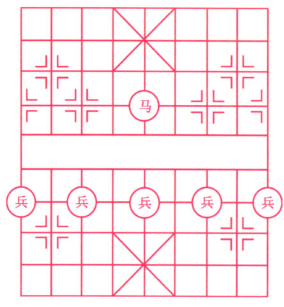

图　4-3

208．成语计算

（　）鸣惊人 +（　）龙戏珠 =（　）山五岳

（　）更半夜 +（　）亲不认 =（　）牛一毛

（　）仙过海 −（　）八佳人 =（　）朝金粉

（　）恶不赦 −（　）擒七纵 =（　）从四德

（　）话不说 ×（　）朝元老 =（　）神无主

（　）全十美 ×（　）年寒窗 =（　）步穿杨

（　）拜之交 ÷（　）面玲珑 =（　）本万利

（　）手观音 ÷（　）拿九稳 =（　）尺竿头

209．提示猜成语

根据下面的提示，分别猜一个四字成语。

(1) 最长的一天：□□□□

(2) 最难做的饭：□□□□

(3) 最宝贵的话：□□□□

(4) 最高的人：□□□□

(5) 最大的手术：□□□□

210．八字成语（1）

下面这些成语很特别，它们都是 8 个字的，而且每个成语中都有两个相同的字。你能把这些成语填完整吗？

□波□□，□波□□

□夫□□，□夫□□

□年□□,□年□□
□可□□,□可□□
□事□□,□事□□

211．八字成语（2）

下面这些成语很特别,它们都是 8 个字的,而且每个成语中都有两个相同的字。你能把这些成语填完整吗?

□为□□,□为□□
□不□□,□不□□
□则□□,□则□□
□高□□,□高□□
□者□□,□者□□

212．暗含成语的数字

以下数字中都暗含了一个成语,请你把它们写出来。

3.5（　　　　）;
2 + 3（　　　　）;
333 和 555（　　　　）;
9 寸 + 1 寸 =1 尺（　　　　）;
1 256 789（　　　　）;
12 345 609（　　　　）;
23 456 789（　　　　）。

213．找成语（1）

如图 4-4 所示,以左上角的"三"字开始,找出九个成语组成的接龙。

图 4-4

214. 找成语（2）

如图 4-5 所示，以左上角的"呆"字开始，找出九个成语组成的接龙。

图 4-5

215. 成语搭配（1）

如图 4-6 所示，补齐下面成语中缺少的字，并将左、右两列中关联的内容连起来。

吃得　　泪　　满
喝得　　津　　有
穿得　　烂　　如
说得　　邋　　邋
笑得　　滔　　不
哭得　　手　　足

图 4-6

216. 成语搭配（2）

如图 4-7 所示，补齐成语中缺少的字，并将左、右两列中关联的内容连起来。

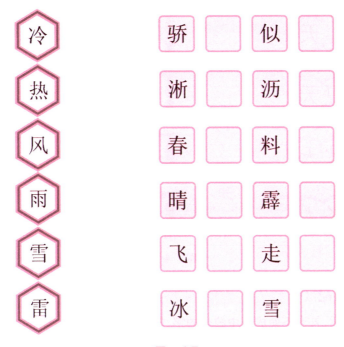

图 4-7

217. 成语搭配（3）

如图 4-8 所示，补齐成语中缺少的字，并将左、右两列中关联的内容连起来。

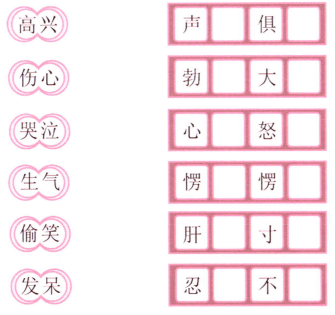

图 4-8

218. 成语搭配（4）

如图 4-9 所示，将左、右两列中关联的内容连起来。

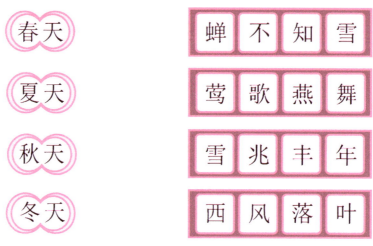

图　4-9

219. 成语搭配（5）

如图 4-10 所示，补齐下面成语中缺少的字，并将左、右两列中关联的内容连起来。

图　4-10

220. 填反义词

如图 4-11 所示，在下面每一个成语的空白处分别填上一对反义词。

221. 反义词（1）

如图 4-12 所示，补齐下面成语中缺少的字，它们都是一对对的反义词。

第四部分 成语填字

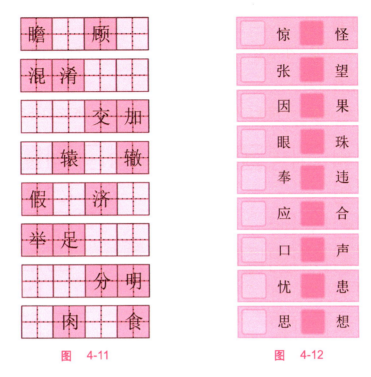

图　4-11　　　　　　　图　4-12

222．反义词（2）

如图 4-13 所示，补齐成语中缺少的字，它们都是一对对的反义词。

223．带有颜色的成语

如图 4-14 所示，补齐成语中缺少的字。

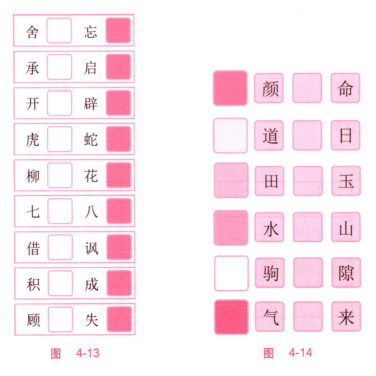

图　4-13　　　　　　　图　4-14

224. 十二生肖（1）

如图 4-15 所示，这是一个用十二生肖相连的成语游戏，试着把它们补齐吧。

225. 十二生肖（2）

如图 4-16 所示，这是一个用十二生肖相连的成语游戏，试着把它们补齐吧。

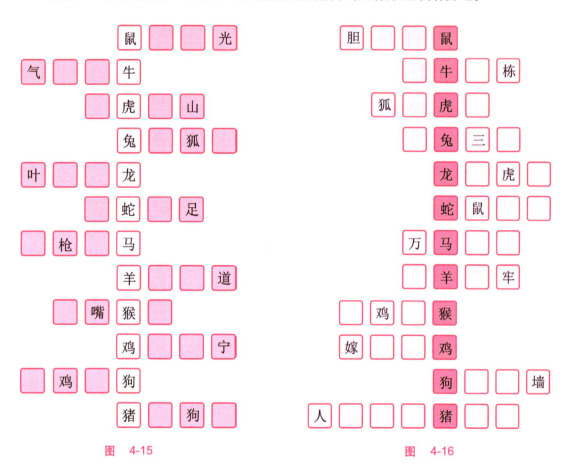

图 4-15

图 4-16

226. 藏头谜语

如图 4-17 所示，请将成语缺少的字填满，然后根据缺少的字的内容猜一个地名。

长	涯	大	公	林	月	积	尺	好	源
地	海	招	好	好	如	月	竿	月	节
久	角	风	龙	汉	梭	累	头	圆	流

图 4-17

227．隐藏的诗

下面有一个用文字堆起来的山,其实它是一首诗,你看出来了吗?从哪里开始读呢?

开
满山
杏山桃
山景好山
山看客山来
山仙山僧山中
崖山转路山中山

228．取得证据

周某是一名腐败高官,因贪污受贿巨额钱款被拘留审查。经过一番搜查,警方发现缺一份关键的证据——受贿账单一直没有找到。

周某知道自己罪责难逃,但如果那份关键证据被毁掉,自己就可以减轻刑罚,所以他处心积虑地想要销毁证据。

这天,周某的妻子前来探望,周某递出了一张纸片,对妻子说:"这是我的遗言。"看守人员检查了内容,只见上面是一首忏悔诗:

绿水滔滔心难静,彩虹高高人何行?
笔下纵有千般语,内心凄凉恨吞声。
账面未清出破绽,单身孤入陷囹圄。
速去黄泉少牵挂,毁了一生怨终身。

看守人员看了几遍没有发现问题,就要转交给周某妻子。眼看周某的计策就要成功了,此时,一名检察官赶到,看了几遍这首诗,终于发现了诗中的提示,最终找到了那份关键的证据。

你知道那份关键的证据在哪里吗?

229．猜唐诗

一次,下着鹅毛大雪,苏东坡和秦少游两人走在一条铺满雪的小路上。苏东坡看着他们身后的小路对秦少游说:"现在的这个情境可以猜半句唐诗,你知道是什么吗?"正在这时,旁边一群麻雀被惊起,向天上飞去。秦少游笑了笑,说道:"现在这个情境也可以猜半句唐诗,而且正好和你的那半句唐诗合在一起成为一个完整的诗句。"你知道这句唐诗是什么吗?

230．猜诗谜(2)

小明很爱开玩笑,也很聪明。一天,他去同学家做客,进门就说:"寺庙前面一头牛,二人抬根大木头。未曾进门先开口,闺宫女子紧盖头。"

朋友一听笑了,也随口说出一首诗:"言对青山不是青,二人土上在谈心。三人骑头无角牛,草木丛中站一人。"

小明也马上猜出了朋友的意思,随即两人相视哈哈大笑。

请问,你知道两人分别说的是什么意思吗?

231. 秀才做菜

有一个秀才,精通诗词歌赋,无论做什么事都能与诗句联系起来。一天,秀才的妻子给他出了一个难题,用两只鸡蛋和一些菜叶子做四个菜,而且每道菜还要配上一句古诗。

秀才想了想就欣然接受,做了四道菜:第一道,两个炖蛋黄,几根青菜丝;第二道,把熟蛋白切成小块,摆成一排,下面铺上一张菜叶子;第三道,把剩下的蛋白堆成一堆;第四道,一碗清汤,上面浮着几块鸡蛋壳。

你知道这四道菜分别代表的是哪四句诗吗?

232. 数字对联

郑板桥在当县令的时候是个勤政爱民的好官。一次,他去体察民情,看到一家大门上贴着一副对联:上联是"二三四五",下联是"六七八九"。郑板桥看到这里便命人买来几袋大米和一些衣物送了过来。下属都很奇怪,为什么那么多家,他单给这家送米送衣呢?

233. 对对联(1)

两个秀才在一起比学识,他们来到江边看江景,其中一个秀才指着远处一只飞鸿出了一句上联:"鸿是江边鸟。"这个对联很难,把"鸿"字分开,即是一个"江"一个"鸟"。另外一个秀才想了半天也没有想出好的下联。突然,远远地看到一个养蚕的老妇人,让他顿时有了灵感,随即对出了下联。

你知道下联是什么吗?

234. 有趣的招牌

有一家商行叫"行行行",顾客却常将店名读错,于是,行主便贴了一张告示在门口,上面写着:"凡读对本商行名称的顾客,买一送二。"结果顾客蜂拥而来,生意越来越兴隆。

在《现代汉语词典》里,"行"有四种读音:

① 读 xíng,如行路、举行、行李、行善、行云流水等;

② 读 háng,如银行、行业、行当、行话、行情等;

③ 读 hàng,如"果园里的树行子"等;

④ 读 héng,就是"道行",本意指僧道修行(xíng)的功夫,用来比喻人们已经练就的技能本领。

还有一种读音为xìng,表明品质或举止行为,如德行、操行等。这个读音现在根据《普通话异读词三次审音总表初稿》规定读xíng而不读xìng,但在民间语言里也还常读作xìng,如"此人德行(xìng)真好"。

读者朋友,请你根据上述"行"的读音及其意义,思考一下"行行行"这个商行的名称怎么读。

235. 填数词

请在下面的诗句中的空缺处补上适当的数词,你知道应该填什么吗?

□年好景君须记,□月春风似剪刀
□□宠爱在□身,□□桥明月夜
楼阁玲珑□云起,□宫粉黛无颜色
人生□□古来稀,□□里路云和月
□华帐里梦魂惊,□□学得琵琶成
□□功名尘与土,□尺朱楼闲倚遍
□里莺啼绿映红,□紫□红总是春

236. 变省份名

如图 4-18 所示,在下面用火柴拼成的图形中,移动其中的三根火柴,使它变成一个两个字的省份名。你知道怎么移动吗?

237. "二"字

如图 4-19 所示,下面是有十六个方格,每个方格里都有一个"二"字,请大家在每个"二"字上各加两笔,使它变成另外一个字。不能重复,你能把这十六个方格都填满吗?

238. 火柴文字

如图 4-20 所示,用 8 根火柴可以拼成一个"旨"字,现在想把它变成一个"旱"字,请问最少需要移动几根火柴?

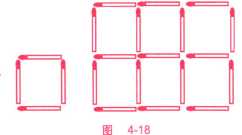

图 4-18

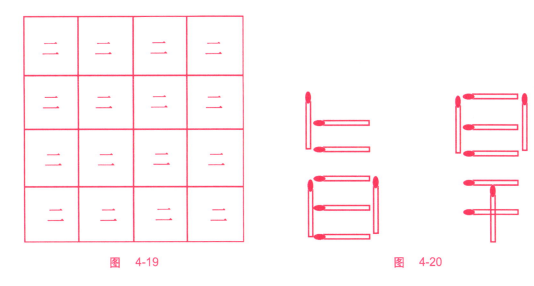

图 4-19　　　　　图 4-20

239. 组合字

在下面方框中加入一个字,使这个字与左边的"古"和右边的"巴"都可以组成一个新的字。你知道应该加入什么字吗?

古　□　巴

240．加一笔（1）

如图 4-21 所示，请在下面的这些汉字上分别加一笔，使它变成另外一个汉字。你知道怎么加吗？

241．加一笔（2）

如图 4-22 所示，请在下面的这些汉字上分别加一笔，使它变成另外一个汉字。你知道怎么加吗？

车		开	
立		亚	
刁		玉	
舌		灭	

图　4-21

凡		尤	
烂		利	
去		头	
叶		禾	

图　4-22

242．填空格（1）

如图 4-23 所示，在下面的空格处填入一个字，使这个字与上、下、左、右四个字都能组成一个新字，且这个字在新字中的位置不能改变。

243．填空格（2）

如图 4-24 所示，在下面的空格处填入一个字，使这个字与上、下、左、右四个字都能组成一个新字，且这个字在新字中的位置不能改变。

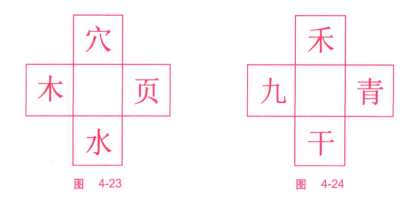

图　4-23　　　　　　　　图　4-24

第四部分　成语填字

244．猜字

如图 4-25 所示，每个字母都代表一个不同的汉字，两格相加又可以组合成一个新的字。你能根据下面的提示把这些汉字都猜出来吗？

(1) A+B 代表日落；
(2) B+C 代表早上；
(3) C+D 代表欺侮；
(4) D+E 代表瞄准出击；
(5) B+F 代表第二天；
(6) F+G 代表丰满。

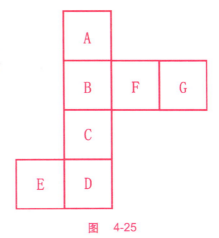

图 4-25

245．变字（1）

如图 4-26 所示，移动下面的一根火柴，使它变成另外一个字。你知道怎么移吗？

246．变字（2）

如图 4-27 所示，移动下面的一根火柴，使它变成另外一个字。你知道怎么移吗？

247．变字（3）

如图 4-28 所示，移动下面的一根火柴，使它变成另外一个字。你知道怎么移吗？

248．变字（4）

如图 4-29 所示，移动下面的一根火柴，使它变成另外一个字。你知道怎么移吗？

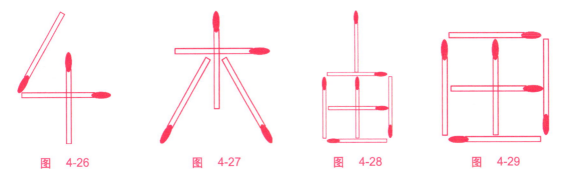

图 4-26　　　图 4-27　　　图 4-28　　　图 4-29

249．纪晓岚应答

一天，乾隆皇帝想捉弄一下纪晓岚。于是问了他两个奇怪的问题：第一，北京九门每天进出各多少人？第二，大清国一年生与死各多少人？你知道纪晓岚是怎么回答的吗？

第五部分 沟通技巧

250. 郑板桥行酒令

郑板桥不当县令后,在扬州闲居,经常和一帮文人墨客聚会饮酒。一次,郑板桥家里来了三名客人,一位是怀才不遇的清客,一位是骄矜自恃的离任道台,一位是皓发白首的忠厚长者。喝酒的时候,大家建议行酒令。每人分别抽一个字,并以字为题行令。清客抽到的是"溪"字,道台抽到的是"淇"字,老者抽到的是"湘"字,而郑板桥则抽到的是"清"字。

清客与道台素来不和,于是便借机讥讽,吟道:"有水便是溪,无水也是奚;去掉溪边水,添鸟就成鷄(鸡)。得意猫儿强似虎,落毛凤凰不如鸡。"

离任道台知道清客在讽刺自己处境潦倒,于是回击道:"有水便是淇,无水也是其;去掉淇边水,添欠便是欺。龙游浅水遭虾戏,虎落平阳被犬欺。"

郑板桥连忙示意老者,要他劝说几句,哪知老者不愿掺和两人纷争:"有水便是湘,无水也是相;去掉湘边水,添雨便是霜。各人自扫门前雪,莫管他人瓦上霜。"

无奈,郑板桥只好自己说和。于是他以"清"字为题行了酒令,终于平息了两人的纷争。你能根据前面三人的酒令,猜出郑板桥是如何行的酒令吗?

251. 聪明的仆人

一位员外有一位聪明的仆人,这天仆人无心犯了一个无法弥补的大错。员外念及仆人的功劳不想处罚他,但又担心其他人不服,于是员外想出一个办法,让两个丫鬟每人拿一张纸条,一张纸条上写着"原谅",另一张纸条上写着"重罚"。而这两个丫鬟一个说真话,一个说假话,而且她们都知道自己手中的纸条写着什么。仆人只能问其中一个丫鬟一个问题,来询问哪个是免于处罚的纸条。

你知道仆人是怎样问的吗?

252. 难倒唐伯虎

一天,唐伯虎闲来无事,到郊外散步。他在田埂上走着,从前面走来一位农夫,肩上挑着一担泥。唐伯虎想让路,可是田埂很窄,无法并行两人,两面又都是水田,下去就会弄湿鞋裤。

这时,农夫已经走到了近前,看了一眼唐伯虎,说道:"这样吧,我出一个对子你来对,对得上,我让路;对不上,你让路。"

唐伯虎笑着点了点头。

农夫开口道:"一担重泥拦子路。"唐伯虎一听,愣了半天,一时答不上来。只好脱掉鞋袜,挽起裤腿,为农夫让路。

这个对子真的有这么难对吗?它到底难在哪里呢?

253．错在哪里（1）

一个年轻人参加一次聚会,遇到了一位漂亮的年轻女士,开始攀谈起来。

年轻人:"你结婚了没有?"

女士:"还没有。"

年轻人:"有几个孩子了?"

女士大怒,瞪了他一眼离开了。

年轻人碰了一鼻子灰,又和另一位漂亮的年轻女士交谈。

年轻人:"你有几个孩子了?"

女士:"两个孩子。"

年轻人:"你结婚了没有?"

这位女士也瞪了她一眼,愤然离去。

年轻人的话到底错在了哪里呢?

254．语言的力量

在一次讲演中,一位著名演说家向一群青年学生提出忠告:要注意自己说话时的一言一词,因为语言具有无穷的力量。

这时,一位听众举手表达他的不同意见:"当我说幸福、幸福、幸福时,我并不觉得有什么快乐;当我说不幸、不幸、不幸时,我也不会因此而倒霉。所以,我认为语言只是我们使用的一种很普通的工具,并没有所谓的无穷的……"

如果你是这位演说家,你如何才能说服这名学生呢?

255．组织踢球

每到临近过年的时候,在外地上学的同学会从全国各地纷纷回到老家。这时候便有喜欢踢足球的人希望将很久没有见面的同学叫到一起踢一场足球。一场正规的足球比赛需要双方各11人,不过同学之间的比赛没那么正规,双方各有4～5人就可以进行了,也就是说,组织者只需要叫齐8～10人就行。然而还有一个难题,这些同学对是否能够组织起这么多人不抱信心,所以很可能会推脱。

请问:作为一个高明的组织者,有什么技巧可以快速又有把握地组织好一个球队呢?

256．如何暂时减薪

年底,某公司陷入财政危机,几番周转不灵之下,决定暂时对员工实行减薪措施,待摆脱危机后再恢复。然而,公司领导层又担心这一举动会引起员工的抵制,造成人心涣散的不良后果,最终将得不偿失。

如何才能让员工心甘情愿地接受暂时减薪呢？

257．聪明的小男孩

王瑞迪只有 16 岁。在暑假即将来临的时候，他对父亲说："爸爸，我不想整个夏天都向你伸手要钱，我要找个工作。"

父亲从震惊中恢复过来之后，对王瑞迪说："好啊，王瑞迪，我会想办法给你找工作，但是恐怕不容易，现在正是人浮于事的时候。"

"你没有弄清我的意思，我并不是要您给我找个工作。我要自己来找。还有，请不要那么消极。虽然现在人浮于事，我还是可以找到工作，毕竟有些人总是可以找到工作的。"

"哪些人？"父亲带着怀疑问。

"那些会动脑筋的人。"儿子回答说。

王瑞迪在"事求人"广告栏上仔细寻找，找到了一个很适合他专长的工作。广告上说找工作的人要在第二天早上 8 点钟到达 42 街的一个地方。王瑞迪并没有等到 8 点钟，而在 7 点 45 分就到了那儿。可他看到已有 20 个男孩排在那里，他只是队伍中的第 21 名。

怎样才能引起特别注意而竞争成功呢？这是他很着急的问题。

王瑞迪告诫自己，只有一件事可做——动脑筋思考，在真正思考的时候，总是会想出办法的，因此他进入了那最令人痛苦也是最令人快乐的程序——思考。很快王瑞迪便想出了一个办法：他拿出一张纸，在上面写了一些东西，然后折得整整齐齐，走向秘书小姐，恭敬地对她说："小姐，请你马上把这张纸条转交给你的老板，这非常重要。"

秘书是一名老手，如果他是个普通的男孩，她就可能会说："算了吧，小伙子。你回到队伍的第 21 个位子上等吧。"但是她凭直觉感到他不是普通的男孩，他散发着一种自信的气质。她把纸条收下了。

"好啊！"她说，"让我来看看这张纸条。"她看了不禁微笑了起来。她立刻站起来，走进老板的办公室，把纸条放在老板的桌上。老板看了也大声笑了起来，并真的让王瑞迪得到了这份工作。

你知道他在纸条上写了什么吗？

258．考试及格

小磊放学回家，刚进门就喊道："妈妈，今天考试了。"

妈妈闻言从厨房出来，问道："哦？那你考了多少分？"

"六十分。"

"啪"一个巴掌。

小磊顿时哭了出来，委屈地说道："全班只有一个人及格。"

"这点分数你还觉得很光荣？"妈妈柳叶眉倒竖，忍不住"啪"地又是一巴掌过去……

如果你是小磊，遇到这种情况，你会怎么做才能不让妈妈打自己呢？

259．钢琴辅导

张老师开设了一个钢琴辅导班，专门辅导小孩演奏钢琴。

最近,受大局势的影响,各种物品都纷纷涨价,张老师也打算涨学费了。于是,他对第一个来接孩子的家长说道:"下学期开始,学费要涨了。"

这位家长听到要涨学费,一皱眉,心中有些不高兴。

张老师又接着说:"因为小孩越弹越好,要教比较高级的。"

家长一撇嘴:"得了吧,我在家听孩子弹,弹来弹去还是那么烂。"

结果自然是不欢而散,这位家长甚至直接给孩子办了退班手续。

张老师该怎么做才能既可以涨学费,又不会让家长退班呢?

260. 父母和孩子

父母有时候会做出一些令孩子无法接受的决定,在这种时候,父母常常这样给自己辩解:"我们生活经验更丰富,对事物的判断也更加成熟,所以我们知道什么是对孩子好的。"于是他们也这样告诉孩子:"你还小,所以不懂。等你长大懂事后自然就会明白我们这是为你好。"

然后孩子服从了父母的决定,但是随着年纪逐渐增长,孩子并没有看出当年父母决定的道理,反而更加坚信那个决定是错的。于是孩子满十八岁以后质问父母:"当年你们说等我长大后就会明白你们是为我好,现在我长大了,我怎么没看出你们的决定有什么好的地方?"

想必父母这时候一定很尴尬,你该如何为这样的父母解围呢?

261. 买烟

甲去买烟,花了29元,但他没火柴,就跟店员说:"顺便送我一盒火柴吧。"店员没给。

乙去买烟,花了29元,他也没火柴,最终却从店员那里得到了火柴。

同样的情况,为什么结果却不同呢?

262. 谁对谁错

小王的女朋友约小王第二天一起去看电影,但是小王想和同事去看球赛,就对她说:"如果明天天气晴朗,我就去看球赛。"第二天,天下起了毛毛雨,小王的女朋友很高兴,想着可以和小王去看电影了,谁知小王还是去看球赛了。等两人见面时,小王的女朋友责怪小王食言,既然都下雨了,为什么还去看球赛,小王却说他没有食言,是他女朋友的推理不合逻辑。

对于两人的争论,下面论断合适的是(　　)。

A. 两人对天气晴朗的理解不同

B. 小王的女朋友的推论不合逻辑

C. 由于小王的表达不够明确,引起了这场争论

D. 这次争论是没有意义的

E. 小王的女朋友会和小王分手

263. 错在哪里(2)

请仔细分析一下,下面的两句话有什么问题?

"他是在众多空难死者中幸免于难的一个。"

"他忽快忽慢地拍打着桌子，发出非常紊乱的节奏声。"

264．今天星期几（1）

一天，小糊涂早起去上学，却忘记了今天是星期几，所以去问一个过路的人。那个人想难为一下他，就说：当"后天"变成"昨天"的时候，那么"今天"距离星期天的日子，将和当"前天"变成"明天"时的那个"今天"距离星期天的日子相同。你能帮小糊涂算算，今天到底是星期几吗？

265．张仪的计谋

张仪曾经前往楚国游说楚怀王，但楚怀王根本听不进他的建议，张仪很快就陷入了困境，致使自己身无分文，身边的人也相继离去。张仪知道楚怀王非常好色，当时正宠爱南后和郑袖两名美女。张仪注意到了这件事，灵机一动，打算利用这一点摆脱困境。你知道他是如何做到的吗？

266．误会的产生

一位罗马教廷的学者正在访问土耳其皇帝提摩尔的庭院。皇帝让一位著名的毛拉安排一场与来访学者的斗智。毛拉做的第一件事就是让他的驴子驮上一堆题目不知所云的书。在斗智的那天，毛拉和他的驴子一起出现在皇家庭院里，尽管他们之间语言不通，毛拉以其当地人的非凡仪表和过人智力，从气势上压倒了罗马学者。

罗马学者心中有些不服气，于是决定考考这位毛拉的理论修养。他举起一根手指，毛拉以两根手指作答；罗马学者举起三根手指，毛拉以四根手指作答；学者挥动他张开的手掌，毛拉的回答是握紧拳头。然后，罗马学者打开他的公事包，拿出一个鸡蛋；毛拉从兜里掏出一个洋葱作答。罗马学者问："你的证据是什么？"毛拉向他的书做了一个莫名其妙的手势。罗马学者看了看，他对那些书名是如此震惊，只好低头认输。

你知道他们都在说什么吗？

267．老虎是老动物

甲、乙两人对话。

甲："语言是交际的工具吗？"

乙："是的。"

甲："以'语言是交际的工具'作前提，能否推出'汉民族的语言是汉民族的交际工具'的结论？"

乙："完全能推出。"

甲："虎是动物吗？"

乙："当然是。"

甲："以'虎是动物'作前提能推出'老虎是老动物'的结论吗？"

乙："不能。"

请问：为什么前一个推理能成立，而这个推理不能成立？它们不是一样的吗？

第五部分 沟通技巧

268．你的话说错了

某校开展学雷锋活动以来,学生中关心集体、助人为乐的人逐渐多起来。某班有一个学生做了一件有益于集体的事,但别人都不知道是谁做的。该班学生小刘对小王说:"据我的分析,这件事可能是咱班小李干的。"

小王颇有把握地说:"不,不可能是小李干的。"

后来经过调查,这件事确实不是小李干的,而是该班另一个同学干的。

这时,小王得意地对小刘说:"怎么样？你的话说错了,你还说可能是小李干的呢！"

小刘被弄得一时说不出话来。

请问,小刘说的错了吗？小王对小刘的反驳能否成立？

269．忽略的细节

刑侦专业的学生们去听一位在刑侦领域潜心研究了几十年的专家的报告。专家为了测试这群学生的专业素养如何,是否可以做到明察秋毫,特意给他们讲了一个故事。学生们对这个挑战十分兴奋,专心致志地听着每一个细节,因为任何地方都有可能隐藏着陷阱。

故事是这样的：猎人到森林里打猎,他带着三只猎狗,十分凶悍。走着走着,他们遇见了一只土拨鼠。猎人放开猎狗,让它们去追土拨鼠。土拨鼠为了逃生,拼命地向前跑,而猎狗则在后面咆哮着追赶。后来到了一片林子,土拨鼠嗖地一下钻进了一个树洞。树洞太小,体形庞大的猎狗只好在外面等。但是猎狗却突然发现从树洞另一边出来一只兔子,于是猎狗们便放弃了土拨鼠,转身去追兔子。兔子逃生的本事也不差,一蹦一跳地跑开了。后来兔子发现实在无法摆脱紧追不舍的猎狗,便爬上了一棵大树。猎狗们上不去,只能在树下狂吠。但是兔子没站稳,一下子从树上掉了下来。无巧不成书,它正好砸在猎狗们的头上,三只猎狗被砸晕了,于是兔子便成功地逃脱了。

讲完故事,专家问:"同学们,这个故事有哪些情节是不合理的？"

学生们开始议论纷纭,有的说:"猎人根本不会因为一只土拨鼠就把猎狗放出去,这样太不值得了,在逻辑上根本就讲不通。"

还有的说:"兔子不可能会爬树。"

有的说:"就算它会爬树,从树上掉下来,才多大的身子,怎么可能把三只猎狗砸晕呢？砸晕一只都算是那狗倒霉到极点了。"学生们哄堂大笑。

"没错。"专家首先肯定了同学的答案,然后又问道:"这些都是这个故事不符合情理的部分,那么你们还有没有什么新发现？"

学生们面面相觑,仔细想着,但是却没有发现还有什么不妥当的地方。

聪明的读者,你知道还有什么地方不妥当吗？

270．Yes or No

大家知道,英语中的 Yes 是"是的"的意思,而 No 是"不是"的意思。但是非洲有一个部落,他们的语言却恰好相反。Yes 是"不是"的意思,而 No 则是"是的"的意思,其他的单词都和英语是一致的。在这个部落里,你遇到两个人,当你问他们"今天天气好吗？"他们的回答是一个说 Yes,一个说 No,无论怎么问,他们两个的回答总是相反的。你能想想办法,使你提出一个问题后,他们的回答都是 Yes 吗?

271. 他说实话了吗

班长去找系主任,希望他能在自己组织的活动上出席。系主任满口答应,问道:"那个活动什么时候举办?"

班长:"下下个周日。"

系主任说:"我真的很想去,不过下下个周日我都安排好了。上午要去参加一个朋友的婚礼,下午要看电影,然后还要参加一个朋友父亲的葬礼,随后还有岳父的九十大寿,实在没有时间。"

班长只好作罢,但是觉得好像哪里不对。

系主任说谎了吗?

272. 报警电话

陈婧在香格里拉大酒店被歹徒挟持,歹徒逼迫她当着他们的面给家里报平安,她只好照办。在电话里,她说:"亲爱的老公,您好吗?我是陈婧,昨晚不舒服,不能陪您去酒吧,现在好多了,多亏香格里拉大酒店的经理上月送的特效药。亲爱的,不要和我这样的'坏人'生气,我们会永远在一起的,请您原谅我的失约,我的病很快就会好了。今晚赶来您家时再向您当面道歉,可别生我的气呀!好吧,再见!"

可是 5 分钟后,警察突然出现在他们面前,歹徒不得不举手投降。你知道陈婧是怎么报案的吗?

273. 有罪的证明

某市公安局抓住了一个惯窃犯,在他的住所搜出大量现金及照相机等赃物。在审讯时,此惯犯很不老实,一口咬定现金就是捡来的,照相机是几年前从旧货店买的。公安局决定以审讯照相机的来历为突破口,并由证人(照相机被窃者)出庭作证。下面是审讯时的一段记录。

审判长:(问证人)"照相机有什么特征吗?"

证人:"有,这个照相机与众不同,它有一个暗钮,不熟悉的人是找不到这个暗钮的,也就打不开照相机。"

审判长:"被告,你把这个照相机打开。"

被告:"审判长,假若我打不开,那就证明照相机不是我的;假若我能把它打开,那就证明照相机是我的!是吗?"

你知道这句话哪里有问题吗?

274. 巧取约会

"逻辑博士"的女儿是位绝佳美人,很多小伙子都对她动心了。不过,这位小姐生性羞怯,如果直截了当地请她吃饭,可能会遭到谢绝。但是,她毕竟是"逻辑博士"的女儿,对逻辑推理很感兴趣。

一个逻辑爱好者想追求这位女孩子,突然间,他想起了哈佛大学的数学家吉尔比·贝克的锦囊妙计,顿时心花怒放,喜上眉梢。

于是他对这位漂亮的女孩子说:"亲爱的,我有两个问题要问您,而且都只能回答'是'或'不是',不准用其他语句。但在正式提问以前,我要同您预先讲好,您一定要听清楚之后再郑重回答,而且两个问题的答案都必须在逻辑上是完全合理的,不能自相矛盾。"

女孩子略微想了一下,感到非常有趣,于是,她爽快地说:"好吧!那就请您发问吧!"

请问:如果你是这个男孩子,你该怎样提问,才能达到请这位小姐吃饭的目的呢?

275. 向双胞胎问话

有个人家有一对双胞胎小孩,哥哥是好孩子,所有的话都是真话;弟弟是个坏孩子,只说谎话。两个小孩的父亲有个同事,知道两个孩子的秉性。有一次这个人打电话到他家,想知道他们的父母到底在不在家。你能让这个人问一个问题就知道他们的父母是在家还是出门了吗?即使电话里听不出来接电话的是哥哥还是弟弟。

276. 是不是

请试着在下面的三段文字里加入适当的标点符号,使三段文字能读通。

(1) 是不是不是是不是不是是不是是

(2) 是是不是不是不是是是不是不是是

(3) 不是是不是是不是是是不是是不是不是是

277. 统计员的难题

史密斯是一家人寿保险公司的保险统计员,因为接触太多的停尸台和一列列的生卒日期,他很少说到其他方面的事,甚至连做梦也很少做到其他方面的梦。他总是急急忙忙回家,给家里人出一些统计方面的问题,特别是给他的妻子。他妻子的数学能力往往受到他的奚落。然而,不久以前,妻子抓住了他的把柄。一个事先的约定使他在一段时间内不乱说,有可能因此医好他在家里谈论自己专长的毛病。

就在他说了一个统计方面的难题之后,由于没有想象中那么受欢迎,他便自夸说,如果他妻子能提出任何关于日期或年龄方面的问题而他不能在 10 分钟内回答出来,他发誓不再提出任何问题,直到这一天的周年纪念日为止。他的意思或许是整整一年,但是这件事发生在 1896 年 2 月 29 日这天,那是闰年,这一天不是每年都有周年纪念日的。他被诺言的字面解释给迷惑了。

你知道他妻子的问题是什么吗?

278. 糊涂账

有一个吝啬的人去饭店吃面条,他花一元钱点了一份清汤面。面上来了,他又要求换一碗两元钱的西红柿鸡蛋面。服务员对他说:"你还没有付钱呢!"吝啬的人说:"我刚才不是付过了吗?"服务员说:"刚才你付的是一元钱,而你吃的这碗面是两元钱的,还差一元呢!"

吝啬的人说："不错,我刚才付了一元钱,现在又把值一元钱的面还给了你,不是刚好吗?"

服务员说："那碗面本来就是店里的呀!"他说："对呀!我不是还给你了吗?"

这么简单的账怎么就会弄糊涂了呢?吝啬的人真的不需要再付钱了吗?

279．免费的午餐

傻熊开了一家餐馆,这个餐馆有一个特点,所有菜的价格都是相同的。一天中午,猴子来吃饭。

猴子先要了一份麻婆豆腐,可菜一端上来,猴子一看就哈着气说："太辣了,怎么吃呀!给我换一个吧。"换了一份热气腾腾的蘑菇炖面,猴子又说："太烫了,再换一份。"换上了第三盘松仁玉米,猴子一尝,真甜,于是眉开眼笑,很快吃完了。

猴子吃完,拍拍屁股想走,傻熊追过来说："您还没付钱呢!"

猴子说："我付什么钱呀?"

傻熊说："您吃饭不需要付钱吗?"

"可我吃的松仁玉米是用蘑菇炖面换的呀。"

"您吃蘑菇炖面也要付钱呀。"

"可我的蘑菇炖面是用麻婆豆腐换的呀。"

"那麻婆豆腐也要付钱呀。"

"麻婆豆腐我没吃,给退了,付什么钱呢?"

傻熊挠挠头,好像是这么回事,于是让猴子走了。

请问这到底是怎么回事,吃了东西不用付钱吗?

280．轮流猜花色

在一档电视节目里,主持人和几个很聪明的人玩一个游戏。主持人先把3张黑桃、4张红桃、5张方块亮给大家看,然后请大家背对桌站着,主持人从12张牌里挑出10张放在桌上。游戏开始,主持人先从桌上的10张牌中拿走一张,然后让一个人转过身来,问他能否根据桌上的牌推测出刚才主持人拿走的是什么花色。如果他推测不出来,主持人就再从桌上拿走一张牌,并请下一个人转过身来根据桌上的牌和前面人的回答来推测主持人最近一次拿走的那张牌的花色。有没有可能直到10张牌都被拿走都没人能推测出来吗?

281．帽子的颜色

有3顶红帽子和2顶白帽子放在一起,将其中的3顶帽子分别戴在A、B、C三人头上。这三人每人都只能看见其他两人头上的帽子,但看不见自己头上戴的帽子,并且也不知道剩余的2顶帽子的颜色。问A："你戴的是什么颜色的帽子?"A回答说："不知道。"接着,又以同样的问题问B,B想了想之后,也回答说："不知道。"最后问C,C回答说："我知道我戴的帽子是什么颜色了。"当然,C是在听了A、B两人的回答之后才做出回答的。试问:C戴的是什么颜色的帽子?

282．选择接班人

有一个商人想找一个接班人来替他经商,他要求这个接班人必须十分聪明才行,最后选

第五部分　沟通技巧

出了A、B两个候选人，商人为了试一试他们两个人中哪一个更聪明一些，就把他们带进一间伸手不见五指的黑房子里。商人打开电灯说："这张桌子上有5顶帽子，2顶是红色的，3顶是黑色的。现在，我把灯关掉，并把帽子摆的位置搞乱，然后，我们三人每人摸一顶帽子戴在头上。当我把灯开亮时，请你们尽快地说出自己头上戴的帽子是什么颜色，谁先说出来，我就选谁做接班人。"

说完之后，商人就把电灯关掉了，然后三个人都摸了一顶帽子戴在头上；同时，商人把余下的2顶帽子藏了起来。待这一切做完之后，商人把电灯重新打开。这时候，那两个人看到商人头上戴的是一顶红色的帽子。

过了一会儿，A喊道："我戴的是黑帽子。"A是如何推理的？

283．猜帽子

有3顶白帽子和2顶红帽子，一个智者让3个聪明人分别戴其中一顶，其中1个人可以看到其他两个人的帽子，但是看不到自己的，智者让大家说出自己戴的是什么帽子。过了一会儿没人说，又过了一会儿，还是没人说，这时，大家都知道自己戴的是什么帽子了。请问这是为什么？

284．谁能猜出来

10个人站成一列纵队，从10顶黄帽子和9顶蓝帽子中，取出10顶分别给每个人戴上。站在最后的第10个人说："我虽然看见了你们每个人头上的帽子，但仍然不知道自己头上的帽子的颜色。你们呢？"第9个人说："我也不知道。"第8个人说："我也不知道。"第7个、第6个……直到第2个人，依次都说不知道自己头上所戴帽子的颜色。出乎意料的是，第1个人却说："我知道自己头上所戴帽子的颜色了。"他为什么知道呢？

285．不同部落间的通婚

完美岛上有两个部落，其中一个叫诚实部落（人们总讲真话），另一个叫说谎部落（人们从不讲真话）。一个诚实部落的人同一个说谎部落的人结了婚，这段婚姻非常美满，夫妻双方在多年的生活中受到了对方性格的影响。诚实部落的人已习惯于每讲三句真话就讲一句假话，而说谎部落的人则已习惯于每讲三句假话就要讲一句真话。他们生了一个儿子，这个孩子当然具有两个部落的性格（真话和假话交替着讲）。

另外，这一对家长同他们的儿子每人都有个部落号，号码各不相同。他们的名字分别叫阿尔法、贝塔、伽马。

3个人各说了4句话，但却不知道是谁说的（诚实部落的人讲的是1句假话，3句真话；说谎部落的人讲的是1句真话，3句假话；孩子讲的是真假话各两句，并且真假话交替）。他们讲的话如下。

A：

（1）阿尔法的号码是三人中最大的；

（2）我过去是诚实部落的；

（3）B是我的妻子；

（4）我的部落号比 B 的大 22。

B：
（1）A 是我的儿子；
（2）我的名字是阿尔法；
（3）C 的部落号是 54 或 78 或 81；
（4）C 过去是说谎部落的。

C：
（1）贝塔的部落号比伽马的大 10；
（2）A 是我的父亲；
（3）A 的部落号是 66 或 68 或 103；
（4）B 过去是诚实部落的。

找出 A、B、C 三个人中谁是父亲，谁是母亲，谁是儿子，以及他们各自的名字和他们的部落号。

286．谁被释放了

有一个牢房，关着三个犯人。因为玻璃很厚，所以三个人只能互相看见，而不能听到对方说话的声音。有一天，国王想了一个办法，给他们每个人头上都戴了一顶帽子，只让他们知道帽子的颜色不是白的就是黑的，不让他们知道自己所戴帽子是什么颜色的。在这种情况下，国王宣布两条规定如下：

（1）谁能看到其他两个犯人戴的都是白帽子，就可以释放他。
（2）谁知道自己戴的是黑帽子，就释放他。

其实，他们戴的都是黑帽子，但因为被绑，看不见自己的罢了。于是他们三个人互相盯着不说话。可是不久，较机灵的 A 用推理的方法，认定自己戴的是黑帽子。请问他是怎样推断的？

287．红色的还是白色的

有一群人围坐在一起，为了便于分析，假定只有 4 人（这与人数多少无关，可作同样分析）。每个人头戴一顶帽子，帽子有红色和白色两种，每个人看不到自己帽子的颜色，但能看到别人帽子的颜色，因此，此时他不能判断出自己头上帽子的颜色。

为了分析的方便，我们假定这 4 个人均戴的是红色帽子。这时候，一个局外人来到他们当中，对他们说："你们其中至少有一位头上戴的是红色帽子。"当他说了这句话后，他问："你们知道你们头上的帽子的颜色吗？" 4 个人都说"不知道"。这个局外人第二次问："你们知道你们头上的帽子的颜色吗？" 4 个人又都说"不知道"。局外人第三次问："你们知道你们头上的帽子的颜色吗？" 4 个人又说"不知道"。局外人又问第四次："你们知道你们头上的帽子的颜色吗？"这时 4 个人均说："知道了！"

你知道这是为什么吗？

288．大赛的冠军

某电视台举办"逻辑能力大赛"，到了决赛阶段，有三名参赛者的分数并列第一名。冠军只能有一个，主持人决定加赛一题来打破这个均势。

主持人对三位选手说："你们三位闭上眼睛，然后，我在你们每个人头上戴 1 顶帽子。帽子的颜色可能是红色，也可能是蓝色。在我叫你们把眼睛睁开以前，都不许把眼睛睁开。"于是主持人在他们的头上各戴了一顶红帽子，然后说："现在请你们都把眼睛睁开吧，假如你看到你们三人中有人戴的是红帽子就举手。" 3 个人睁开眼睛后几乎同时举起了手。主持人接着说："现在谁第一个推断出自己所戴帽子的颜色，谁就是冠军！"过了一分钟左右，其中一位参赛者喊道："我戴的帽子是红色的！"

主持人说："恭喜你，答对了！你就是这次大赛的冠军！"

请问：你知道他是怎样推断出自己所戴帽子的颜色吗？

289．猜帽子上的数字

100 个人每人戴一顶帽子，每顶帽子上有一个数字（数字限制在 0～99 的整数），这些数字有可能重复。每个人只能看到其他 99 个人帽子上的数字，看不到自己帽子上的数字。这时要求所有的人同时说出一个数字，是否存在一个策略使得：至少有一个人说出的是自己头上帽子的数字？如果存在，请构造出具体的推算方法；如果不存在，请给出严格的证明。

290．各是什么数字

A、B、C 三人头上的帽子上各有一个大于 0 的整数，3 个人都只能看到别人头上的数字，看不到自己头上的数字。但有一点是 3 个人都知道的，那就是 3 个人都是很有逻辑的人，总是可以做出正确的判断，并且 3 个人总是说实话。

现在，告诉三个人已知条件为：其中一个数字为另外两个数字之和，然后开始对三个人分别提问。

先问 A："你知道自己头上的数字是多少吗？"

A 回答："不知道。"

然后问 B："你知道自己头上的数字是多少吗？"

B 回答："不知道。"

问 C，C 也回答不知道。

再次问 A，A 回答："我头上是 20。"

请问 B、C 头上分别是什么数字？（有多种情况）

291．纸条上的数字

老师出了一道测试题想考考皮皮和琪琪。她写了两张纸条，对折起来后，让皮皮、琪琪每人各拿一张，并说："你们手中的纸条中写的数都是自然数，这两个数相乘的积是 8 或 16。现在，你们能通过手中纸条上的数字，推出对方手中纸条的数字吗？"

皮皮看了自己手中纸条上的数字后，说："我猜不出琪琪的数字。"

琪琪看了自己手中纸条上的数字后，也说："我猜不出皮皮的数字。"

听了琪琪的话后，皮皮又推算了一会儿，说："我还是推不出琪琪的数字。"

琪琪听了皮皮的话后，重新推算了一会儿，也说："我同样推不出来。"

听了琪琪的话后，皮皮很快地说："我知道琪琪手中纸条的数字了。"并报出数字，果然不错。

你知道琪琪手中纸条上的数字是多少吗？

292．纸片游戏

Q 先生、S 先生和 P 先生在一起做游戏。Q 先生用两张小纸片，各写一个数。这两个数都是正整数，差为 1。他把一张纸片贴在 S 先生额头上，另一张贴在 P 先生额头上。于是，两个人只能看见对方额头上的数。

Q 先生不断地问："你们谁能猜到自己头上的数？"

S 先生说："我猜不到。"

P 先生说："我也猜不到。"

S 先生又说："我还是猜不到。"

P 先生又说："我也猜不到。"

S 先生仍然猜不到；P 先生也猜不到。

S 先生和 P 先生都已经三次猜不到了。

可是，到了第四次，S 先生喊起来："我知道了！"

P 先生也喊道："我也知道了！"

问：S 先生和 P 先生头上各是什么数？

293．贴纸条猜数字

一位教逻辑学的教授有三个学生,都非常聪明!一天,教授给他们出了一道题,教授在每个人脑门上贴了一张纸条并告诉他们,每个人的纸条上都写了一个正整数,且某两个数的和等于第三个数!（每个人可以看见另两个数,但看不见自己的数。）

教授问第一个学生：你能猜出自己的数吗？回答：不能；问第二个,不能；第三个,还是不能。回头再问第一个,不能；第二个,不能；第三个：我猜出来了,是144！教授很满意地笑了。请问您能猜出另外两个人头上贴的是什么数吗？请说出理由！

294．猜扑克牌

P 先生、Q 先生都具有足够的推理能力。这天,他们正在接受推理考试。"逻辑教授"在桌子上放了如下 16 张扑克牌：

红桃 A、Q、4

黑桃 J、8、3、2、7、4

草花 K、Q、5、4、6

方块 A、5

教授从这 16 张牌中挑出一张牌,并把这张牌的点数告诉 P 先生,把这张牌的花色告诉 Q 先生。然后,教授问 P 先生和 Q 先生："你们能从已知的点数或花色中推知这是张什么牌吗？"

P 先生："我不知道这张牌。"

Q 先生："我知道你不知道这张牌。"

P 先生："现在我知道这张牌了。"

Q 先生："我也知道了。"

请问：这张牌是什么？

295．张老师的生日

小明和小强都是张老师的学生,张老师的生日是 M 月 N 日,两人都不知道。张老师的生日是下列 10 组日期中的一天,他把 M 值告诉了小明,把 N 值告诉了小强,张老师问他们是否知道他的生日是哪一天。

小明说："如果我不知道,小强肯定也不知道。"

小强说："本来我也不知道,但是现在我知道了。"

小明说："哦,那我也知道了。"

请根据以上对话来推断张老师的生日是下面这些日期中的哪一天。

3 月 4 日,3 月 5 日,3 月 8 日

6 月 4 日,6 月 7 日

9 月 1 日,9 月 5 日

12 月 1 日,12 月 2 日,12 月 8 日

296．找零件

张师傅带了两个徒弟：小王和小李。一天,张师傅想看看他们两人谁更聪明一点,于是,他将两个徒弟带进仓库,里面有以下11种规格的零件：

8∶10，8∶20；

10∶25，10∶30，10∶35；

12∶30；

14∶40；

16∶30，16∶40，16∶45；

18∶40。

这里需要说明的是,"∶"前的数字表示零件的长度,"∶"后的数字表示零件的直径,单位都是mm。

他把徒弟小王、小李叫到跟前,告诉他们说："我将把我所需要的零件的长度和直径分别告诉你们,看你们谁能最先挑出我要的那个零件。"于是,他悄悄地把这个零件的长度告诉了徒弟小王,把直径告诉了徒弟小李。

徒弟小王和徒弟小李都沉默了一阵。

徒弟小王说："我不知道是哪个零件。"

徒弟小李也说："我也不知道是哪个。"

随即徒弟小王说："现在我知道了。"

徒弟小李也说："那我也知道了。"

然后,他们同时走向一个零件。张师傅看后,高兴地笑了,原来那个零件正是自己需要的那一个。

你知道张师傅要的零件是哪个吗？

297．水平思考

有一家三口,夫妻两人和一个5岁的孩子。为了能够离幼儿园近一点,他们决定租套房子。他们跑了一天,直到傍晚,才好不容易看到一张房屋出租的广告。他们赶紧跑去看,房子十分理想,价格适中,位置也不错。于是,他们前去联系房东。温和的房东出来,对这三位客人从上到下打量了一番,遗憾地说："实在对不起,我们不租给带孩子的住户。"夫妻两人听了一时不知如何是好,只好默默地走开了。5岁的孩子把事情的经过从头至尾都看在眼里。这个可爱的孩子心想："真的就没办法了吗？"他用肉嘟嘟的小手又去敲房东的门。这时,丈夫和妻子已走出5米远,都回头望着。

门开了,这个孩子对房东说了一句话。房东听了之后,高声笑了起来,就决定把房子租给他们住。

你知道这个5岁的孩子说了一句什么话,终于说服了房东吗？

298．看电影

刚结婚的小两口,想带着父亲去看电影,凑巧小区门口刚开了一家可以看4D电影的电影院,他们想带父亲去"尝尝鲜",结果到了售票处一问,票价不算太贵、上映的电影也合适,得到的答复却是："实在对不起,现在虽然我们还有空座,但影院规定只能向带孩子的顾客卖票。"小两口听了之后,一时不知道如何是好,一旁的父亲把事情的经过从头至尾都看在了眼里。

父亲来到售票处,对售票员说了一句话,售票处发出了阵阵笑声,当时就卖了三张票给父亲。

你知道这个父亲说了句什么话吗?

299．我问你猜（1）

根据下面的几条线索,你能猜出我说的是什么吗?
(1) 五个字；
(2) 地名；
(3) 三毛；
(4) 900万平方千米。

300．我问你猜（2）

根据下面的几条线索,你能猜出我说的是什么吗?
(1) 神话小说；
(2) 陈仲琳；
(3) 姜子牙。

301．我问你猜（3）

根据下面的几条线索,你能猜出我说的是什么吗?
(1) 人名；
(2) 剑桥；
(3) 轻轻的我走了。

302．左读右读

有一对情侣很有趣,喜欢猜谜。一天,两个人一起去超市买东西,男孩说:"我想买一样东西,两个字,从左往右读,喝得心里甜；从右往左读,会飞不是鸟。"女孩说:"我想买一样东西,也是两个字,从左往右读,营养很丰富；从右往左读,很壮不干活。"

你能猜出这对情侣都要买什么东西吗?

303．诗句重排

唐代一位叫赵嘏的诗人写了一首诗,名叫《江楼感怀》。内容如下:
独上江楼思渺然,月光如水水如天。
同来望月人何处?风景依稀似去年。
诗人写完此诗后给老师看,老师看后指出,这首诗的结尾太过平凡了。没有写出怀念友人的那种苍凉感。于是老师给他改了一下,顿时那种苍凉的心境就全部表现出来了。而且老师又没有作大幅度的修改,只是改变了两句诗的位置。

你知道老师是怎么改的吗？

304．苏小妹试夫

传说苏东坡的妹妹苏小妹也是才华横溢，认识秦观后，发现他是个才子，便决意嫁给他。据说这首诗就是苏小妹试探秦观的才华时用的一首回文诗（如图5-1所示）。你知道从哪里开始读，又在哪里断句吗？

305．巧读诗句

图5-2是一个由13个汉字组成的环，你可以按一定的顺序和断句，将其切断成一首诗词。试试看一共有多少种读法，它们都怎么读。

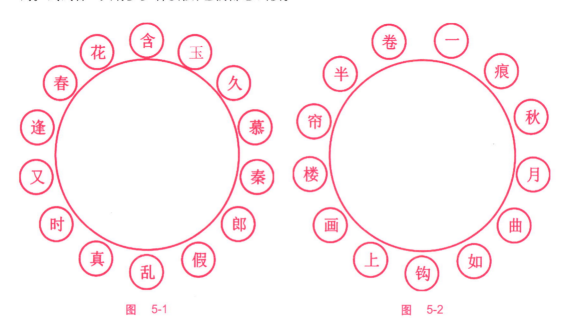

图 5-1　　　　　　　　图 5-2

306．讽刺官员

五代时期，有一位大官背信弃主，投靠新朝，饱受民怨。一次，在他70岁寿诞之日，有人偷偷在他府门口贴了一副对联。上联是"一二三四五六七"，下联是"孝悌忠信礼义廉"。你知道这副对联到底是什么意思吗？

307．牌子上的规定

在某路边不远的一个僻静处立了一块牌子，上面写着：

行路人等不得在此大小便。

其本意是："行路人等，不得在此大小便。"

一天，一个人实在等不及了，就在这里小便。结果很快就被人抓住了，要罚款。这个人灵机一动，指着这句没有标点符号的话解释了一番，说自己遵

守了牌子上的规定,不应该被罚款。

你知道他是怎么解释的吗?

308. 加标点（1）

古时候,有个好心的私塾先生招收学生时,如果对方是富家子弟,他就收取报酬;如果对方是穷人家的孩子,他就免收学费。为此他特意在招生告示中的收取报酬方法中写下如下一行字:"无米面也可无鸡鸭也可无鱼肉也可无银钱也可。"整句没有一个标点,遇到穷人来,用一种读法;富家子弟来,就用另一种读法。你知道他分别是怎样读的吗?

309. 加标点（2）

古文中很多都没有标点,这让我们读起来和理解起来有很大的不便。下面就是一段古文,你能给它加上适当的标点,让其通俗易懂吗?

"知止而后有定定而后能静静而后能安安而后能虑虑而后能得"

310. 加标点（3）

有一个经典的字谜是这样的:"一不出头,二不出头,三不出头,不是不出头,是不出头。"猜一个字。

让人看着有点不知如何下手。其实这个字谜如果加上适当的标点就变得非常简单了,你知道怎么加标点吗?谜底又是什么?

311. 郑板桥断案

郑板桥在做县令的时候,一次,县里的一位老者丧偶,后来续弦并在七十岁时生有一子。老者临终前写了一份遗嘱,想把所有家产留给后妻和年幼的儿子。

遗嘱内容为"七十老翁产一子人曰非是也家产尽付与女婿外人不得干预",通篇没有一个标点符号。

老者和前妻还有一女,已出嫁多年,对老者生活不闻不问,听说老人去世,前来争夺财产。把遗嘱读为:"七十老翁产一子,人曰非是也。家产尽付与女婿,外人不得干预。"

郑板桥了解了全部情况后,对孤儿寡母深表同情,又看了看遗嘱,亲手加了几个标点,当众诵读,并把全部遗产判给后妻所用。老者的女儿女婿便再也无话可说了。

你知道郑板桥是怎么加的标点及怎么读的吗?

312. 阿凡提点标点

财主巴依家里过年时贴出一副炫耀财富的对联,上联是"养猪大似象耗子已死完",下联是"酿酒缸缸好做醋坛坛酸"。一次阿凡提经过,想捉弄一下财主,就偷偷地在对联上加了两个逗号,意思就完全变了。巴依发现了之后,被气得昏了过去。

你知道阿凡提是怎样加的标点吗?

313. 巧加标点

从前有一个大地主要过六十大寿,就让村子里的秀才给他写一副对联贺寿,秀才想了想，写下上联为"养猪大如山老鼠只只死"，下联为"儿媳子孙多病痛全绝根"。地主看了之后觉得很满意，就把对联贴在了门上，但是对报酬只字未提，也不请秀才到家里喝酒。

秀才看到地主这么刻薄，就想整整他。于是趁着天黑，秀才在对联上加了几个标点符号，意思完全变了。等到第二天来贺寿的人看到这副对联，都惊得目瞪口呆，天下竟有这样的对联。

到底这副对联变成了什么样子呢？

314．添加标点（1）

有位书生上京赶考，正赶上过年，便寄了一封家书向父母报平安。他的信是这样写的："父母大人拜上新年好晦气全无人丁兴旺读书少不得五谷丰登"。全文没有加一个标点符号。

书生的父母看到信后老泪纵横，不远千里去寻找儿子。儿子见到父母亲自前来十分惊讶，说道："我不是报过平安了吗，你们怎么来了？"

老父拿出书信，读了一遍："父母大人拜上：新年好晦气，全无人丁兴旺。读书少，不得五谷丰登。"儿子这才知道原来是父母弄错了，其实他的本意并非如此。

你知道书生的本意是什么吗？

315．智改电文

就在国内解放战争即将结束的1949年，蒋介石秘密命令大特务沈醉在昆明逮捕了近百位爱国民主人士，而且打算将他们全部处死。时任云南省主席卢汉得知此事后，立刻致电蒋介石为他们说情，可主意已定的蒋介石在回电中只写了八个字：情有可原，罪无可恕。

无奈的卢汉只好求助于一向善于谋略的李根源先生。李根源在反复看了蒋介石的回电后，很快就找到了一个既简单又可以让那些爱国民主人士免于被迫害的方法。

你能想到是一个什么样的办法吗？

316．填字

古时候，有个大贪官为了给自己立一个清廉的美名，在堂前贴了四句话：一不要钱，二不要命，三不要名，四不要官。

一位书生看到后很是气愤，于是偷偷地在每句话后面加了两个字，就使意思完全改变了。你知道他填的是什么字吗？

317．被篡改的对联

清朝时期，某地有位财主欺压百姓，横行乡里。父子俩用钱各买了一个"进士"功名，婆媳俩也被封为"诰命夫人"。这年春节，财主非常得意，便请人写了一副对联贴在大门外：

父进士，子进士，父子都进士；

妻夫人,媳夫人,妻媳同夫人。

有人看不过去,就趁着天黑,偷偷地加了几笔。第二天,财主一看,顿时气得晕死过去。你知道这副对联被改成什么了吗?

318. 贺寿对联

一个吝啬的老财主六十大寿,所有的亲戚朋友都带着贺礼前来祝寿,可财主只招待大家吃了一顿粗茶淡饭。饭后,一个朋友提出要为财主送上一副对联。上联是:一二三四五七八九十;下联是:一二三四五六七八十;横批:文口从土回。老财主看不懂,直接贴了起来。你知道这副对联是什么意思吗?

319. 选官

三位主考官负责挑选有才学的人做官。各项成绩都测试完毕后,三位主考官宣布结果。甲说:"一月又一月,两月共半边。"乙说:"一家有六口,两口不团圆。"丙说:"上有可耕之田,下有流水之川。"其实三位考官都是在猜谜。只要你知道了谜底,就知道这个人被选中了没有。你知道结果如何吗?

320. 巧写奏折

明朝时,有个地区发大水,淹没了十几个村庄。当地县官要求皇帝发粮赈灾,并在奏折上写:"本地发大水,淹没伍佰村,漂走一万家。"皇帝因此发了很多赈灾粮款,县官把钱粮全部分发给了当地的贫苦百姓。后来有人告发,说县官犯了欺君之罪,当地根本没有那么多村庄和人口,于是,皇帝派人调查此事。到了当地一看,虽然当地确实没有那么多村庄和人口,但奏折上所说一点没错,只好赦免了县官的罪。你知道这是为什么吗?

321. 添加标点(2)

一次,永乐皇帝命才子解缙在一把扇子上题诗。解缙就写下了王之涣的《凉州词》。
黄河远上白云间,一片孤城万仞山。
羌笛何须怨杨柳,春风不度玉门关。
但是因为一时疏忽,解缙漏写了第一句诗中的"间"字。皇帝大怒,欲治其欺君之罪。解缙灵机一动,马上解释道,这是根据王之涣的诗的意境作的一首词,然后为其加上了标点。皇帝听完他的解释后,就免了他的罪。你知道他是怎么加的标点吗?

322. 写春联

一年除夕,贪官请才子祝枝山为其写副对联。祝枝山沉思片刻,挥笔写下两副对联:
此地安能居住;其人好不悲伤。
明日逢春好不晦气;终年倒运少有余财。
贪官一看顿时大怒。祝枝山笑道:"其实我写的可是吉庆之词啊,只是你不会读。"然后他重新断句,读了一遍,贪官这才眉开眼笑。你知道这两副对联如何断句吗?

323．对对联（2）

一次，乾隆和纪晓岚对对联。乾隆出上联："两碟豆。"纪晓岚对曰："一瓯油。"乾隆听完后狡黠地一笑，改口说："我说的是'林间两蝶斗'。"你知道纪晓岚该如何对出下联吗？

324．绝对

传说苏小妹是个绝世才女。一次她与一个和尚对对联，她先出上联难为和尚："人曾是僧人弗能成佛。"哪知这个和尚也是才智过人，马上对出了下联应对苏小妹的刁难。你知道和尚的下联是什么吗？

325．解梦

古时候，有一个秀才在应试之前做了两个梦，他想知道吉凶便去找相士解梦。秀才的第一个梦是梦到墙头上长了一些草，相士说这说明你根基不牢；第二个梦是梦到自己下雨天戴着斗笠还打着伞，相士说这是多此一举。秀才听了马上像霜打的茄子一样，觉得这是上天的安排，便准备放弃赶考。途中遇到了一位同窗好友，听了他的梦以后，马上从另外的角度为他解梦。秀才一听顿时神采奕奕，又充满了斗志。你知道他的同窗是怎么解梦的吗？

326．拆字联

曹操不仅是个军事家、政治家，还是一位文学家、诗人。一次，他在家中接待客人，说话间，外面下起了雨，淋湿了窗户。曹操一时兴起，随口说出上联："冻雨洒窗，东二点，西三点。"让大家对下联。这个对联非常难，而且非常巧妙。把"冻"和"洒"字拆开，即为"东二点，西三点"，又应情应景。在座的人没有一个人能对出来。这时，曹操只有十几岁的儿子曹植看着待客用的西瓜，灵机一动，对出了下联，大家听后齐声叫好。你知道下联是什么吗？

327．一副对联

有一年，清朝的乾隆皇帝邀请一位老寿星赴宴。乾隆以这位寿星的岁数为题，写了对联的上联，想考考大臣们，博学多才的大臣纪晓岚很快对出了下联。乾隆的上联是："花甲重开，又加三七岁月"；纪晓岚的下联是："古稀双庆，更多一度春秋"。这副对联不仅对称工整，而且上下联各自包含了一道答案相同的应用题，而这个答案就是老寿星的年龄。

你知道这位老寿星的年龄吗？

328．奇怪的对联

有一户人家门上的对联是这么写的：上联，长长长长长长长；下联，长长长长长长长；横批，长长长长。他们家是卖豆芽的，你知道这副对联该怎么

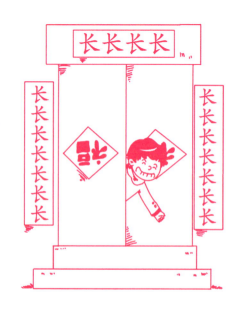

读吗？

329. 老师的婚礼（1）

两位数学老师结婚，当天，新娘给新郎出了一副对联，上联是：恋爱自由无（　）；下联是：人生幸福有（　）；横批为：心遂人愿。要求新郎在两个括号内分别填入两字的数学名词，表示两人珠联璧合，婚姻美满。

你知道该填什么吗？

330. 老师的婚礼（2）

两位数学老师经历了漫长而曲折的恋爱，终成眷属。结婚当天，新娘给新郎出了一副对联，上联是：爱情如（　　）；下联是：幸福似（　　）；横批为：苦尽甘来。要求新郎在两个括号内分别填入四字的数学名词。

你知道该填什么吗？

331. 老师的婚礼（3）

一位数学老师与一位物理老师结婚，当天，新娘给新郎出了一副对联，上联是：大（　）小（　）同心（　），心心相印；下联是：阴（　）阳（　）异性（　），性性吸引；横批为：公理定律。要求新郎在上下联分别填入一个字。

你知道该填什么吗？

332. 纪晓岚题诗

一次，乾隆皇帝得到一幅《百鹅图》，召集众臣前来观赏并题诗。众官没有敢动手的，只有纪晓岚毫无顾忌，上前刷刷刷大笔一挥，写下了两句："鹅鹅鹅鹅鹅鹅鹅，一鹅一鹅又一鹅。"

刚写到这里，大臣们开始议论纷纷，觉得纪晓岚的文笔太差了，这种拙作也敢拿出来给皇上看。

只见纪晓岚不动声色，继续写下了后两句诗句。乾隆一看不禁拍手叫好，群臣也无不羞愧低头。

你知道纪晓岚的后两句诗写的是什么吗？

333. 保守秘密

罗斯福在当美国总统之前，曾在海军任职。有一次，一位朋友向他打听海军建立潜艇基地的计划。罗斯福神秘地看了看四周，然后压低声音问道："你能保守秘密吗？"朋友拍拍自己的胸膛并回答道："当然能。"你知道罗斯福是怎么说的吗？

334. 不同的读法

有一个人经常打官司，自己已经感到厌烦。在过年时，他对家人说："今年谁也不能再打官司了。"为了实现自己的愿望，他在门口贴了一副对联，上面写着："今年好，晦气少，不得打官司。"只是没有加标点。有个邻居来他家串门的时候，就问他为什么要写这么丧气的对联，难道还想继续打一年官司吗？到底是怎么回事？

335．密电

公安机关截获某犯罪团伙的一封密电。电文如下："吾合分昌盍旮垒聚鑫。"你能破译这封密电吗？

336．截获密电

一天，缉毒警察截获了一份他们最近一直在追踪的一伙毒贩间相互联系的密电。密电的内容如下："朝，A 火车站交货。"一位年轻的警察看着这一行字犯了难，电文中只有交货地点，没有具体时间，这该怎么办呢？这时，经验丰富的老刑警笑着说："其实它已经清楚地告诉我们具体的日期和时间了。"你知道这到底是怎么回事吗？

337．取货地点

警察截获了一份毒贩之间联系的信息，其内容为："明日下午四点在街口公园中心的松树顶取货。"

警察迅速赶到现场，发现附近只有一棵松树，但是树很高，根本无法在上面放东西。这是怎么回事呢？难道信息有误？应该不会。经过他们认真推理，终于在信息中约定的时间和地点找到了毒品。

你知道这是怎么回事吗？

338．破解短信

公安机关截获某犯罪团伙的一条短信，短信内容如下："青争人圭木娄王久号虎耳又牛勿。"你能破解这条短信吗？

339．动物密码

经过破译商业对手的密码，已经知道了"猴子猩猩大青蛙"的意思是"星期四交易股票"，"长颈鹿猩猩蝴蝶"的意思是"操盘手交易基金"，"猴子蜜蜂长耳兔"的意思是"星期四期货大跌"。那么"大青蛙"的意思是什么？

340．密码破解

这是一道密码破解题目！看看你有没有办法从下面的符号中找出答案。
^$$#*^!!!*^%@$$$& (#!!&
跟密码相对应的提示：
无须惊叹
我已身无分文
消失的第 100 个足迹
蓦然回首
发现答案就在脚下

提示：答案是由英文构成的一个人名。

第五部分 沟通技巧

341．吝啬鬼请客

从前,有个吝啬鬼请人来家里吃饭。折腾了半天,弄了一碗鸡蛋汤,但是鸡蛋特别少,水特别多。然后他对客人说:"你别小看这碗鸡蛋汤,你要是晚来三个月,这就是一碗鸡肉汤了。"

过了几天,这个人回请吝啬鬼,吃饭的时候,端上了一盘竹片,然后按照吝啬鬼的逻辑说了一番话,吝啬鬼顿时无话可说了。

你知道这个人是怎么回击吝啬鬼的吗?

342．预言

一个人写了一本书,名叫《古今预言大全》,其中有一个预言是最准确的,几百年来它每一次都准确地应验在了每一个读者身上。

你知道这个预言是什么吗?

343．奸商

一个奸商卖布,什么花色的布都有,并在店门口拉了一条横幅,上写"保不褪色"四个大字,人们纷纷前来购买。不久,就有人来到店中,说自己所买的布褪色严重,无法使用,要求退货。这时奸商指着门口的横幅说:"你没看到我已经声明了吗?干吗还来找麻烦呢!"

客人听了奸商的辩解,只好无可奈何地离开了。

你知道奸商是怎么辩解的吗?

344．巧解尴尬

在一次联合国大会上,英国工党的一位外交官与苏联的外交部部长莫洛托夫发生了争辩。英国外交官拿莫洛托夫的出身来攻击对方:"莫洛托夫先生,你是贵族出身,我家祖辈都是矿工,你说我们两个究竟谁更能代表工人阶级呢?"本来英国外交官是想让莫洛托夫尴尬,没想到莫洛托夫巧妙地回答了一句话就化解了这个尴尬。你知道他是怎么说的吗?

345．死里逃生

清朝大学士刘墉博学多才,能言善辩。一次,乾隆出题考他,问他忠孝两字何解?刘墉答道:"君要臣死,臣不得不死,此为忠;父要子亡,子不得不亡,此为孝。"

乾隆听完刘墉的回答后想刁难他一下,便说:"那我就以君的身份,命你立刻去死吧。"

刘墉一听知道皇帝存心刁难,但又不敢相违,便说道:"臣遵命。臣马上去投河。"

过了一会儿,刘墉又回来了。乾隆问他为何还没去死。你知道刘墉怎么回答才让其死里逃生的?

346．巧做应答

当年,中美关系初步缓和的时候,美国前国务卿基辛格第一次来访中国,他问周总理:"我们美国人走路总是挺胸抬头,你们中国人为什么喜欢弯着腰呢?"他认为美国人健康、自信、有力量,而中国人多病、无力、缺乏信心。面对这种不怀善意的问题,周总理巧妙地做出了回应，使基辛格对周总理肃然起敬。你知道周总理说的是什么吗？

347．聪明的长工

有一名地主对长工十分刻薄，总是想尽办法克扣他们的工钱。一次，又到了该发工钱的时候了，地主对长工们说："只要谁能说出一件我从来没有听过的事情，我不但把工钱发给他，还多给他200两银子。但是如果他说的这件事我听说过，那就对不起了，工钱没收。"

一位长工说："我听说山后一户人家养了一只会下金蛋的鸡，这只鸡每天都会下一个拳头大的金蛋。"

地主嘿嘿一笑说："这不算啥，我还亲自去见过呢！你的工钱没收了！"

这时一位聪明的长工想出了一个好办法，说了以后，地主不得不说："是的，我没有听说过。"说完就把工钱和200两银子给了他。你知道这位聪明的长工是怎么说的吗？

第六部分 实话与谎话

348. 说谎国与老实国

传说古代有一个"说谎国"和一个"老实国"。老实国的人总说真话,而说谎国的人只说假话。

有一天,两个说谎国的人混在老实国人中间,想偷偷进入老实国。

他们俩和一个老实国的人进城的时候,哨兵喝问他们三人:"你们是哪个国家的人?"

甲回答说:"我是老实国人。"

乙的声音很轻,哨兵没有听清楚,于是指着乙问丙:"他说他是哪一国人,你又是哪一国人?"

丙回答道:"他说他是老实国人,我也是老实国人。"

哨兵知道三个人中间只有一个是老实国的人,可不知道是谁。面对这样的回答,哨兵应该如何做出分析呢?

349. 精灵的语言

有甲、乙、丙三个精灵,其中一个只说真话,另外一个只说假话,还有一个随机地决定何时说真话、何时说假话。你可以向这三个精灵发问三条是非题,而你的任务是从他们的答案中找出谁说真话,谁说假话,谁是随机答话。你每次可选择任何一个精灵问话,问的问题可以取决于上一题的答案。这个难题困难的地方是这些精灵会以"Da"或"Ja"回答,但你并不知道它们的意思,只知道其中一个字代表"对",另外一个字代表"错"。你应该问哪三个问题呢?

350. 天堂和地狱

有一个岔路口分别通向天堂和地狱。路口站着两个人,已知一个来自天堂,另一个来自地狱,但是不知道谁来自天堂,谁来自地狱。只知道来自天堂的人永远说实话,来自地狱的人永远说谎话。现在你要去天堂,但不知道应该走哪条路,需要问这两个人,但是只许问一句,应该怎么问?

351. 问路

一个打柴的人在山里迷了路,无法下山,把他吓坏了。他走了很久,这时,他来到一个三岔路口旁。遇到了三个人,他们每人站在一个路口上。打柴的人赶紧向他们问路,希望可以尽快下山。

第一个路口的人回答说:"这条路通向山下。"

第二个路口的人回答说:"这条路不通向山下。"

第三个路口的人回答说:"他们两个说的话一句是真的,一句是假的。"

如果第三个路口的人说的话是真的,那么,这个打柴的人要选择哪一条路才能下山呢?

352．回答的话

在一个奇怪的岛上有两个部落,一个部落叫诚实部落,另一个部落叫说谎部落。诚实部落的人只说实话,而说谎部落的人只说假话。一个路人要找一个诚实部落的人问路,他遇到两个人,就问其中的一个:"你们两个人中有诚实部落的人吗?"被问者回答了他的话,路人根据这句话,很快就判断出哪一个是诚实部落的人了。你知道,被问者回答的是什么吗?

353．爱撒谎的孩子

一个孩子很爱撒谎,一周有6天都在说谎,只有一天说实话。下面是他在连续3天里说的话。

第一天:我星期一、星期二撒谎。

第二天:今天是星期四、星期六或是星期日。

第三天:我星期三、星期五撒谎。

请问一周中他哪天说实话呢?

354．是人还是妖怪

在一个奇怪的岛上住着两种居民:人和妖怪。妖怪会变化,总是以人的状态生活。有一年,这里发生了一场大瘟疫,有一半的人和一半的妖怪都生了病而变得精神错乱了。这样一来,这里的居民就分成了四类:神志清醒的人、精神错乱的人、神志清醒的妖怪、精神错乱的妖怪。从外表上是无法将他们区分开的。他们的不同在于:凡是神志清醒的人总是说真话,但是一旦精神错乱了,他就只会说假话了。

妖怪与人恰好相反,凡是神志清醒的妖怪都是说假话的,但是,他们一旦精神错乱,反倒说真话了。

这四类居民讲话都很干脆,他们对任何问题的回答只用两个词:"是"或"不是"。

有一天,有位"逻辑博士"来到这个岛上。

他遇见了一个居民P。"逻辑博士"很想知道P是属于四类居民中的哪一类,于是他就向P提出一个问题。他根据P的回答,立即就推定P是人还是妖怪。后来,他又提出了一个问题,并要判断出P是神志清醒还是精神错乱。

"逻辑博士"先后提的是哪两个问题呢?

355．今天星期几（2）

在非洲某地有两个奇怪的部落,一个部落的人在每周的一、三、五说谎,另一个部落的人在每周的二、四、六说谎,在其他日子他们都说实话。一天,一位探险家来到这里,见到两个人,向他们请教今天是星期几。两个人都没有明确告诉他,只是都说:"前天是我说谎的日子。"如果这两个人分别来自两个部落,那么今天应该是星期几?

356．真话和谎话

老师找5名学生谈话,他们分别说了下面这些话,你来判断他们中有几个人撒了谎。

小江说:"我上课从来不打瞌睡。"

小华说:"小江撒谎了。"

小婧说:"我考试时从来不作弊。"

小洁说:"小婧在撒谎。"

小雷说:"小婧和小洁都在撒谎。"

357．谁扔的垃圾

有人在路上走,被6层某户人家的垃圾砸到了头,这层有四户人家,他便一一去问。四个人分别回答如下。

A："是B扔的。"

B："扔垃圾的人是D。"

C："反正我没扔。"

D："B在说谎。"

现在已知这4个人中只有一个人说了实话,其他的3个人都在说谎,那么扔垃圾的人是他们中的谁呢?

358．该释放了谁

有一个侦探逮捕了5个嫌疑犯A、B、C、D、E。这5个人供出的作案地点有出入。进一步审讯了他们之后,他们分别提出了如下的声明。

A："5个人当中有1个人说谎。"

B："5个人当中有2个人说谎。"

C："5个人当中的3个人说谎。"

D："5个人当中有4个人说谎。"

E："5个人全说谎。"

如果只能释放说真话的人,该释放哪几个人呢?

359．寻找八路军

抗日战争时期，日本鬼子把华北平原上某县全县的 2 000 人赶到一个广场上，并让这些人交代八路军的下落。被逼之下，老百姓每人都说了个八路军的藏身之处，2 000 人说辞各不相同。再进一步拷打，日本军人得到了以下信息。

第 1 个人：2 000 人中有 1 个人在说谎；

第 2 个人：2 000 人中有 2 个人在说谎；

第 3 个人：2 000 人中有 3 个人在说谎；

……

第 1 999 个人：2 000 人中有 1 999 个人在说谎；

第 2 000 人：2 000 人都在说谎。

你知道谁是汉奸？

360．假话与真话

问题一：下面三个人谁说的对？

A．小明："有一个人说了假话。"

B．小丽："有两个人说了假话。"

C．小花："有三个人说了假话。"

问题二：下面三个人谁说的对？

A．小明："有一个人说了真话。"

B．小丽："有两个人说了真话。"

C．小花："有三个人说了真话。"

361．四个人的口供

某珠宝店发生盗窃案，抓到了甲、乙、丙、丁四个犯罪嫌疑人。下面是四个人的口供。

甲说："是乙做的。"

乙说："是甲做的。"

丙说："反正不是我。"

丁说："肯定是我们四个人中的某人做的。"

事实证明，这四个人的口供中只有一句是真话，那么谁是作案者呢？

362．谁偷吃了蛋糕（1）

妈妈在餐桌上放了一块蛋糕，可是刚出去了一下，再回来的时候就发现蛋糕被人吃掉了，所以就问在场的三个孩子，是谁偷吃了蛋糕，得到的答案如下。

A："我吃了，好好吃哦！"

B："我看见 A 吃了。"

C："总之，我和 B 都没吃。"

假设这里边只有一个孩子在说谎，那么蛋糕被几个人偷吃了，都有谁？

363. 谁偷吃了蛋糕（2）

妈妈买了一块蛋糕，准备晚饭的时候大家一起吃，可饭还没做好，就发现蛋糕被偷吃了，而屋子里只有她的四个儿子，他们的口供如下。

大儿子说："我看见蛋糕是老二偷吃的！"
二儿子说："不是我！是老三偷吃的。"
三儿子说："老二在撒谎，他陷害我。"
小儿子说："蛋糕是谁偷吃的我不知道，反正不是我。"

经过调查证实，四个人中只有一个人的供词是真话，其余都是假话。

请问：谁偷吃了蛋糕？

364. 相互牵制的僵局

三位嫌疑人对同一件案件进行辩解，其中有人说谎，有人说实话。警察最后一次向他们求证。

问甲："乙在说谎吗？"甲回答说："不，乙没有说谎。"
问乙："丙在说谎吗？"乙回答说："是的，丙在说谎。"

那么，警察问丙："甲在说谎吗？"丙会回答什么呢？

365. 寻找毒药

有人将一瓶毒药与其他瓶子的液体放在了一起，这4个瓶子都是深色的，从外表上看很难区分。里面分别装有矿泉水、酱油、醋和毒药，每个瓶子上都有标签，标签上分别写了如下一句话。

甲瓶子上的标签是："乙瓶子里装的是矿泉水。"
乙瓶子上的标签是："丙瓶子里装的不是矿泉水。"
丙瓶子上的标签是："丁瓶子里装的是醋。"
丁瓶子上的标签是："这个标签是最后贴上的。"

而且我们还知道在装有毒药的瓶子上的标签是假的，其他的瓶子上的标签都是真的。

你能知道每个瓶子里分别装的是什么东西吗？

366. 有趣的考试

一所学校开了一门逻辑课，期末的时候，教授想了一个有趣的考试来检测学生们的学习情况。他找来红、黄、蓝三个盒子，把红纸放在其中一个盒子里，在每个盒子上写了两句话。

红盒子：
A. 红纸不在这里。
B. 红纸上画了一幅画。

黄盒子：
A. 红纸不在红盒子里。

B. 红纸上一片空白。

蓝盒子：

A. 红纸不在这里。

B. 红纸其实在黄盒子里。

教授告诉学生：每只盒子上至少有一句话是真的。请问：红纸藏在哪只盒子里呢？

367．有几个天使

一个旅行者遇到了3个美女，他不知道哪个是天使，哪个是魔鬼。天使只说真话，魔鬼只说假话。

甲说："在乙和丙之间，至少有一个是天使。"

乙说："在丙和甲之间，至少有一个是魔鬼。"

丙说："我只说真话。"

请问：你能判断出有几个天使吗？

368．男女朋友

物理系有三个男同学A、B、C，他们是好朋友。而且更加巧合的是，他们的女朋友甲、乙、丙三位姑娘也是好朋友。一天，六个人结伴出去玩，遇到一个好事者，想知道他们谁和谁是一对。于是就上前打听。

他先问A，A说他的女朋友是甲；

他又去问甲，甲说她的男朋友是C；

再去问C，C说他的女朋友是丙。

这可把这个人弄晕了，原来三个人都没有说真话。

你能推出谁和谁是一对吗？

369．盒子里的东西

在桌子上放着A、B、C、D四个盒子，每个盒子上都有一张纸条，分别写着一句话。

A盒子上写着：所有的盒子里都有水果；

B盒子上写着：本盒子里有香蕉；

C盒子上写着：本盒子里没有梨；

D盒子上写着：有些盒子里没有水果。

如果只有一句话是真的，你能断定哪个盒子里有水果吗？

370．比拼财产

有四个富翁在比拼财产。

甲："四个人中，乙最富。"

乙："四个人中，丙最富。"

丙："我不是最富有的。"

丁："丙比我富，甲比丙富。"

已知，其中只有一个人在说假话。

请问：四个人中谁最富？财产从多到少的顺序如何排？

371．两兄弟

小姨带着她的双胞胎儿子来看望小红，两个小孩除了一个人穿红衣服、一个人穿蓝衣服外，其他都一模一样。小红看了很是高兴，左瞅瞅、右瞅瞅，就问他们谁是哥哥、谁是弟弟。穿红衣服的小孩说："我是哥哥。"另一个穿蓝衣服的小孩说："我是弟弟。"小姨在旁边咯咯地笑："小红，他们中至少有一个在撒谎。"那么，你能帮小红判断出谁是哥哥吗？

372．破解僵局

一个天使、一个人、一个魔鬼聚到了一起。已知，天使总说真话；人有时说真话，有时说假话；魔鬼总是说假话。下面是他们之间的对话。

甲说："我不是天使。"

乙说："我不是人。"

丙说："我不是魔鬼。"

请判断一下他们各自的身份。

373．谁在说谎

有甲、乙、丙三人，甲说乙在说谎，乙说丙在说谎，丙说甲和乙都在说谎。

请问：到底谁在说谎？

374．有没有金子

假设有两个相邻的村子都只有君子和小人。你知道其中一个村子里君子成偶数，另一个村子里君子成奇数，你还知道君子成偶数的那个村子里埋有金子。

现在你从两个村子里随便挑了一个前去探访。所有村民都知道村子里住着多少君子、多少小人。你遇到了 A、B、C 三个村民，他们作了如下的陈述。

A："这个村子里有偶数个小人。"

B："这个村子里的居民数是偶数。"

C："我是君子当且仅当 A 和 B 是同类。"

你能根据这三句陈述推理出村子里有没有金子吗？

375．判断血型

甲、乙、丙、丁四人的血型各不相同，甲说："我是 A 型。"乙说："我是 O 型。"丙说："我是 AB 型。"丁说："我不是 AB 型。"四个人中只有一个人的话是假的。

以下哪项成立？（　　）

A. 无论谁说假话，都能推出四个人的血型情况

B. 乙说的是假话，可推出四个人的血型情况

C. 丙说的是假话，可推出四个人的血型情况

D. 丁说的是假话，可推出四个人的血型情况

376．谁通过的六级

关于一个班的英语六级通过情况有如下陈述：

(1) 班长通过了；

(2) 该班所有人都通过了；

(3) 有些人通过了；

(4) 有些人没有通过。

经过详细调查，发现上述断定只有两个是正确的。可见（　　）。

A. 该班有人通过了，但也有人没有通过

B. 班长通过了

C. 所有人都通过了

D. 所有人都没有通过

377．谁寄的钱

某公司有人爱做善事，经常捐款捐物，而每次都只留公司名不留人名。一次该公司收到感谢信，要求找出此人。公司在查找过程中，听到以下6句话：

(1) 这钱或者是赵风寄的，或者是孙海寄的；

(2) 这钱如果不是王强寄的，就是张林寄的；

(3) 这钱是李强寄的；

(4) 这钱不是张林寄的；

(5) 这钱肯定不是李强寄的；

(6) 这钱不是赵风寄的，也不是孙海寄的。

事后证明，这6句话中只有2句是假的，请根据以上条件，确定匿名捐款人。

378．几个人说谎

一个大学宿舍中的共用热水瓶被打碎了，对此，五名学生分别说了如下一句话。

甲："不是我打碎的。"

乙："甲说谎。"

丙："我不知道。"

丁："丙说谎。"

戊："丙和丁都在说谎。"

请问：这五个人中有几个人说了谎呢？

第六部分　实话与谎话

379．他是清白的

有一个案件发生在君子小人村里,也就是村里的人或者是永远说真话的君子,或者是永远说假话的小人。

在这个村子里,有个人被怀疑偷了别人东西,于是警官来找他问话。这个人只说了一句话:"偷东西的那个人是个小人。"警官听后就知道那个人是清白的,请问这是为什么?

380．兔妈妈分食物

兔妈妈从超市里给三个孩子亲亲、宝宝、贝贝买来了他们喜欢的食物(胡萝卜、面包、薯片、芹菜)。每个兔宝宝喜欢吃的食物各不相同。请根据三位兔宝宝的发言,推断他们喜欢吃的食物分别是什么。每个兔宝宝的话都有一半是真话,一半是假话。

亲亲:"宝宝最爱吃的不是芹菜。贝贝最爱吃的不是面包。"

宝宝:"亲亲最爱吃的不是面包。贝贝最爱吃的不是薯片。"

贝贝:"亲亲最爱吃的不是胡萝卜。宝宝最爱吃的不是薯片。"

381．四兄弟

天使只说真话,魔鬼只说假话。一个天使和魔鬼结婚以后生下了四个儿子,其中老大和老三继承了魔鬼的特性,只说假话;老二和老四继承了天使的特性,只说真话。

下面是他们关于年龄的对话。

甲:"乙比丙年龄小。"

乙:"我比甲小。"

丙:"乙不是三哥。"

丁:"我是长兄。"

你能判断他们的年龄顺序吗?

382．班花的秘密

某大学的英语系有一个班花,长得非常漂亮,是个万人迷。全班有9名同学都想追求她,据说她已经和这9个人中的1个正式开始交往了,只不过不想公开罢了。

好事者纷纷向这9位同学打探消息,得到的回答如下所示。

甲:这个人一定是庚,没错。

乙:我想应该是庚。

丙:这个人就是我。

丁:丙最会装模作样,他在吹牛!

戊:庚不是会说谎的人。

己:一定是壬。

庚:这个人既不是我,也不是壬。

辛：丙才是她的男友。

壬：是我才对。

又知道这9句话中只有4句是实话。你能判断出谁才是班花的男友吗？

383．谁是主犯

四名犯罪嫌疑人同时落网，但是他们只承认参与了犯罪行为，却都不承认自己是主犯。在警察审问的时候，四个人的回答如下。

甲说："丙是主犯，每次都是他负责的。"

乙说："我不是主犯。"

丙说："我也不是主犯。"

丁说："甲说得对。"

警方通过调查，终于查出了谁是主犯，而且他们之中只有一个人说了真话，其余三个人都说了假话。

请问：谁才是主犯呢？

384．勇士救公主

有个美丽的公主被巨龙困在远方的城堡里，你一路披荆斩棘，要去城堡把公主解救出来。

首先，你来到一个村子，想找个人做你的同伴。你知道这个村子里不是永远讲真话的君子，便是永远讲假话的小人，另外，有部分村民其实是妖怪，他们也分为君子和小人。

你遇到了村民甲、乙、丙，这三人里边有一个其实是妖怪。他们三人各说了一句话。

甲："丙其实是妖怪。"

乙："反正我不是妖怪。"

丙："我们当中至少有两个是小人。"

你想在这三个里头挑个旅伴，但你也不想半夜被妖怪吃掉，所以不管是不是君子，只要不是妖怪就好。你应该挑谁？

如果三个人说的是下面的话。

甲："我是妖怪。"

乙："我是妖怪。"

丙："我们当中最多有一个君子。"

你能弄清楚他们谁是君子、谁是小人，哪个又是妖怪吗？

385．四种语言

联合国正在召开一次代表会议，在会议厅里，4位代表围着一张圆桌坐定并侃侃而谈。他们之间的交流一共用到了中文、英文、法文、日文4种不同的语言。

现在已经知道的是：
(1) 甲、乙、丙各会两种语言；
(2) 丁只会一种语言；
(3) 有一种语言4人中有3人都会；
(4) 甲会日语；
(5) 丁不会日语；
(6) 乙不会英语；
(7) 甲与丙不能直接交谈；
(8) 丙与丁不能直接交谈；
(9) 乙与丙可以直接交谈；
(10) 没有人既会日语，又会法语。
请问：甲、乙、丙、丁各会什么语言？

386．亲戚关系

甲（男）、乙（男）、丙（女）、丁（女）、戊（女）五人有亲戚关系，其中凡是有一个以上兄弟姐妹并且有一个以上儿女的人总说真话；凡只有一个以上兄弟姐妹或只有一个以上儿女的人，所说的话真假交替；凡没有兄弟姐妹，也没有儿女的人总说假话。他们各说了以下的话。

甲："丙是我的妻子，乙是我的儿子，戊是我的姑姑。"
乙："丁是我的姐妹，戊是我的母亲，戊是甲的姐妹。"
丙："我没有兄弟姐妹，甲是我的儿子，甲有1个儿子。"
丁："我没有儿女，丙是我的姐妹，甲是我的兄弟。"
戊："甲是我侄子，丁是我的侄女，丙是我的女儿。"

根据题干给定的条件，推出下面五项中为真的一项是（　　）。

A. 甲说的是真话，丙是他的妻子
B. 乙说的真假交替，他的母亲是戊
C. 丁说的都是假话，她是甲的姐妹
D. 戊说的是真话，丙是他的姐妹
E. 丙说的真假交替，她是甲的母亲

387．谁是哥哥

有兄弟二人，哥哥上午说实话，下午说谎话；而弟弟则正好相反，上午说谎话，一到下午就说实话。

有一个人问这兄弟二人："你们谁是哥哥？"
较胖的说："我是哥哥。"
较瘦的也说："我是哥哥。"
那个人又问："现在几点了？"
较胖的说："快到中午了。"

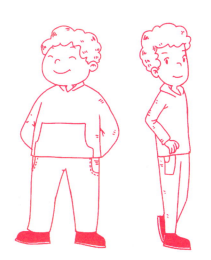

较瘦的说:"已经过中午了。"

请问:现在是上午还是下午?谁是哥哥?

388. 谁及格了

一家有五个儿子,他们的成绩都不是很好,爸爸总是为他们能否考试及格而发愁。一次期末考试之后,爸爸又询问孩子们的成绩。他不知道哪个儿子考试没及格,但他知道,这些孩子之间彼此知道底细,且考试没及格的人肯定会说假话,考试及格的才说真话。

老大说:"老三说过,我的四个兄弟中,只有一个考试没及格。"

老二说:"老五说过,我的四个兄弟中,有两个考试没及格。"

老三说:"老四说过,我们兄弟五个考试都及格。"

老四说:"老大和老二考试都没及格。"

老五说:"老三考试没及格,另外老大承认过他考试没及格。"

你知道五个儿子中谁考试没及格吗?

389. 女儿的谎言

妈妈买了一袋苹果给三个女儿(大女儿、二女儿和小女儿)吃,不一会儿,一袋苹果就被吃光了。现在知道三人都吃了苹果,但是都没有超过 3 个。妈妈问女儿们各吃了几个,三个女儿说了下面的三句话。如果她们说的这句话指的是比自己吃苹果多的一方,那么这句话就是假的,否则就是真的。

大女儿:"老二吃了 2 个苹果。"

二女儿:"老三吃的不是 2 个苹果。"

小女儿:"老大吃的不是 1 个苹果。"

请问:她们各吃了多少个苹果?

390. 三人聚会

三人聚会,各自只说了一句话。

张三:"李四说谎。"

李四:"王五说谎。"

王五:"张三和李四都说谎。"

请问:谁说谎,谁没说谎?

391. 美丽的玫瑰花

在一次聚会上来了四位漂亮的姑娘,她们成为焦点,很多男士纷纷给她们送花。她们每人都得到了玫瑰花,并且得到的玫瑰花的总数是 10 朵。关于每个人得到花的数量,四位姑娘分别说了一句话。其中,得到 2 朵玫瑰花的人说了假话,其他的人说了真话(得到 2 朵玫瑰花的人可能不止一人)。

甲:"乙和丙的玫瑰花总数为 5。"

乙:"丙和丁的玫瑰花总数为 5。"

丙:"丁和甲的玫瑰花总数为 5。"

丁："甲和乙的玫瑰花总数为4。"

请问：她们每个人分别得到了多少朵玫瑰花？

392．谁是受害者

一个人骑车去银行存钱，刚走出银行大门，就发现自己的车被偷了。关于这件事，受害者、嫌疑人、目击者和警察各有说法。他们的说法如果是关于受害者的就是假的，如果是关于其他人的就是真的。

甲说："乙不是嫌疑人。"

乙说："丁不是目击者。"

丙说："甲不是警察。"

丁说："乙不是目击者。"

请根据四个人的说法来判定他们谁是受害者？

393．真真假假

A、B、C三人的名字分别叫真真、假假、真假（不对应），真真只说真话，假假只说假话，而真假有时说真话有时说假话。

有一个人遇到了他们，于是问A："请问，B叫什么名字？"A回答说："他叫真真。"

这个人又问B："你叫真真吗？"B回答说："不，我叫假假。"

这个人又问C："B到底叫什么？"C回答说："他叫真假。"

请问：你知道A、B、C中谁是真真，谁是假假，谁是真假吗？

394．谁得到了奖金

有个公司使用"背靠背"式奖金发放方式，就是奖金发给了谁只有老板和这个员工自己知道。有一次发完奖金后，就有人问三个员工到底谁得到了奖金，三人根据自己的情况说了下面三句话。

甲："乙没有得到奖金。"

乙："他说得对。"

丙："甲在说谎！"

结果是，三人中有人说谎，不过真正得到奖金的人说的倒是实话。

请问：到底是谁得到了奖金？

395．参加活动的人

甲、乙、丙、丁四名同学在同一个班级，他们聚在一起议论本班参加运动会的情况。

甲说："我们班所有同学都参加了。"

乙说："如果我没参加,那么丙也没参加。"

丙说："我参加了。"

丁说："我们班所有同学都没有参加。"

已知四人中只有一人说的不正确,请问,谁说的不正确?乙参加了吗?

396．白色和黑色的纸片

甲、乙、丙、丁、戊五个人在玩一个游戏,他们的额头分别贴了一张纸片,纸片分黑色和白色两种。每个人都知道自己头上纸片的颜色,但是看不到,不过可以看到别人头上纸片的颜色。头上是白色纸片的人开始说真话,头上是黑色纸片的人开始说假话,他们的表达如下。

甲说："我看到三片白色的纸片和一片黑色的纸片。"

乙说："我看到了四片黑色的纸片。"

丙说："我看到了三片黑色的纸片和一片白色的纸片。"

戊说："我看到了四片白色的纸片。"

由此,你能推断出丁头上贴的是什么颜色的纸片吗?

397．谁打碎的花瓶

五个小朋友在家里玩耍,妈妈回来后发现花瓶被摔碎了,就问他们是谁干的。五个人说的话如下。

甲："肯定是我们中间的某个人干的。"

乙："是丁干的。"

丙："反正不是我干的。"

丁："是戊干的。"

戊："是乙干的。"

事实证明,这五个人的话里有且只有一句话是真话,那么是谁打碎的花瓶呢?

398．谁是凶手

四个男人在一家饭店的包厢里用餐,他们围坐在一张正方形桌子旁边,其中的 A 先生突然中毒身亡,B、C、D 三人的妻子也目击了这一幕。警察找来三位妻子进行讯问,她们每人提供了如下的两条供词。

B 的妻子：

（1）B 坐在 C 的旁边；

（2）不是 C 就是 D 坐在 B 的右侧。

C 的妻子：

（3）C 坐在 D 的旁边；

（4）不是 B 就是 D 坐在 A 的右侧,他不可能毒死 A。

D 的妻子：

（5）D 坐在 A 的旁边；

（6）如果我们当中只有一个人说谎,那她就是凶手的妻子。

警察经过调查得知：

(7) 三人当中只有一个人说了谎话。

根据以上7条判断，究竟谁是凶手？

399．三人的供词

纽约展览馆的保险库被盗，丢失了一件十分珍贵的藏品，吉姆、约翰和汤姆三人因此受到传讯。三人中肯定有一人是作案者，并且盗窃现场的证据表明，作案者是一名计算机高手，他侵入了展览馆的保安系统，使所有的保护设施全部失效。这三位可疑对象每人作了两条供词，内容如下。

吉姆：

(1) 我不懂计算机；

(2) 我没有偷东西。

约翰：

(3) 我是个计算机高手；

(4) 但是我没有偷东西。

汤姆：

(5) 我不是计算机高手；

(6) 是计算机高手作的案。

警察最后发现：

(7) 上述6条供词中只有两条是实话；

(8) 这三个可疑对象中只有一个不是计算机高手。

是谁作的案呢？

提示：判定（2）和（4）这两条供词都是实话，还是其中只有一条是实话。

400．谁杀害了医生

一名医生在家里被人杀害，抓到了四名嫌疑犯。警方根据目击者的证词得知，在医生死亡那天，只有这四个病人单独去过一次医生的家。

在传讯前，出于各种不同的原因，这四个病人商定，每人向警方作的供词都是谎言。

下面是每个病人所说的两条供词。

A病人：

(1) 我们四个人谁也没有杀害医生。

(2) 我离开医生家的时候，他还活着。

B病人：

(3) 我是第二个去医生家的。

(4) 我到达他家的时候，他已经死了。

C病人：

(5) 我是第三个去医生家的。

(6) 我离开他家的时候，他还活着。

D病人：

(7) 凶手不是在我去医生家之后去的。

(8) 我到达医生家的时候，他已经死了。

这四个病人中谁杀害了医生？

401．骗子公司

一家奇怪的公司只招收两种人：一种是只说真话的老实人，另一种是只说假话的骗子。一天，一个人来到该公司办事，想知道这个公司里一共有几个骗子。

中午吃饭的时候，全公司的人都围坐在一个大大的圆形餐桌旁吃饭，这个人向每个人都问了一个同样的问题："你左边的那个人是不是骗子？"

每个人的回答都是："是。"

这个人又问公司经理，他们公司一共有多少人，经理说一共有25人。回家后，这个人突然想起忘记问经理是老实人还是骗子了，于是急忙打电话询问。可是经理不在，是他的秘书接的，秘书回答："公司里一共有36人，我们经理是骗子。"

根据上面的情况，请你帮助这个人判断一下经理是不是骗子，这家公司一共有多少人。

402．女排，女篮

甲、乙、丙、丁、戊五人，要么是女排队员，要么是女篮队员。虽然她们知道自己的职业，但是别人并不了解。在一次联欢晚会上，她们请大家根据以下陈述进行推理。

甲对乙说："你是女排队员。"

乙对丙说："你和丁都是女排队员。"

丙对丁说："你和乙都是女篮队员。"

丁对戊说："你和乙都是女排队员。"

戊对甲说："你和丙都不是女排队员。"

如果规定对同队的人（即女排对女排，女篮对女篮）说真话，对异队的人说假话，那么，女排队员是哪几个？

403．问的人是谁

有一个村子，村子里所有的村民要么只讲真话，要么只讲假话。我们把永远讲真话的人称作"君子"，把永远讲假话的人称作"小人"，而村子里的村民不是君子就是小人。

有一个路人经过，碰到两个村民在树下休息。他问其中一个人："你们当中有君子吧？"路人听了回答后，就知道真正的答案了。

请问这两个村民各是何种人？路人又是问的哪个人？

你们当中有君子吧？

答 案

第一部分 悖论诡辩

1. 学费之讼

这个谜题的关键是把法律的判决和师徒之间的承诺视为具有同等效力,所以就变成了一个让人左右为难的问题,很多人都没把握该怎么回答。

比较好的回答是:法院可以判弟子胜诉,也就是他不需要马上付学费,因为他还没有打赢头场官司嘛。等这场官司一了结,弟子就欠普罗塔哥拉的债了,所以普罗塔哥拉马上再告弟子一状。这次法院就该判普罗塔哥拉胜诉了,因为弟子如今已经打赢过官司了。

2. 苏格拉底悖论

这是一个悖论,我们无法从这句话中推论出苏格拉底是否对这件事本身也不知道。

古代中国也有一个类似的例子:"言尽悖。"这是庄子说的。后期墨家反驳道:如果"言尽悖",庄子的这个言难道就不悖吗?

"世界上没有绝对的真理。"我们不知道这句话本身算不算是"绝对的真理"。

3. 全能者悖论

这是一个流传很广的悖论。如果说能,上帝遇到一块"他举不起来的大石头",说明他不是万能;如果说不能,同样说明他不是万能。这是用结论来责难前提。

这个"全能者悖论"的另一种表达方法是:"全能的创造者可以创造出比他更了不起的事物吗?"

类似的还有:

永享幸福与有一块面包相比,哪个好?

你可能会选永享幸福,其实不然!毕竟,没有东西比永享幸福好吧,有一块面包总比没有东西好吧,所以说,有一块面包要比永享幸福好!

有两只钟,一只钟每天慢一分钟,另一只钟根本不走,哪只好?

可能你会选那只每天慢一分钟的钟,但它要两年才对一回,另外那只每天能对两回呢。你也许会问:"如果讲不出什么时候是对的,每天对两回又好在哪儿呀?"这好办。假设那只钟指着8点,那么一到8点就对了。你接着问:"我怎么知道什么时候到8点了呀?"回答很简单,只要小心翼翼地盯着钟看就行了:在钟对的那一瞬间就到了8点。

4．谷堆悖论

从真实的前提出发，用可以接受的推理，但结论则是明显错误的，它说明定义"堆"缺少明确的边界。它不同于三段论式的多前提推理，在一个前提的连续积累中形成悖论。从没有堆到有堆中间没有一个明确的界限，解决它的办法就是引进一个模糊的"类"。

最初它是一个游戏：你可以把1粒谷子说成一堆吗？不能；你可以把2粒谷子说成一堆吗？不能；你可以把3粒谷子说成一堆吗？不能。但是你迟早会承认一个谷堆的存在，你从哪里区分它们？

它的逻辑结构：

1粒谷子不是一堆，

如果1粒谷子不是一堆，那么，2粒谷子也不是一堆；

如果2粒谷子不是一堆，那么，3粒谷子也不是一堆；

……

如果99 999粒谷子不是一堆，那么，100 000粒谷子也不是一堆；

因此，100 000粒谷子不是一堆。

按照这个结构，无堆与有堆、贫与富、小与大、少与多，都曾是古希腊人争论的话题。

5．罗素是教皇

他立即发明了下面这个证明：

（1）假设2+2=5。

（2）由等式两侧减去2，得出2=3。

（3）易位后得出3=2。

（4）由两侧减去1，得出2=1。

于是：教皇与我是两人。既然2等于1，教皇与我是一人，因此我是教皇。

6．奇怪的悖论

这三句话本来都没什么问题，可是如果把它们组合起来，我们就得到一个很奇怪的结论：花朵是完美的，"我"比花朵更高级，可"我"又什么也不是！

我想我们的潜意识里几乎都存在类似这样的一个奇怪的悖论。演绎推理的前提必须是在相同的背景下假设出来的，不同的前提是不能放在一起的。

所以，演绎推理一定要弄清楚前提，否则就可能推理出错误的结论，甚至闹出笑话。

7．飞矢不动

把芝诺的话精简一下就是：从弓射出去的箭在任何一个时刻里都有一个确定的位置，所以在这个位置上它是静止的，而这支箭在所有的时刻里都是静止的，所以箭是不动的。这个结论初看起来似乎很有道理，但显然严重违背我们观察到的现实。那么芝诺的这一套逻辑究竟错在哪里了呢？

错就错在他错误地使用了排中律。他认为箭在每一个时刻都不是"运动"的，根据排中律，箭在每个时刻都是"静止"的。但实际上，"运动"和"静止"本来就是和时间有关的概念，脱离了时间流动单看某个时刻，这两个概念就没有意义了，或者至少和原本的意义不一样了。因此，箭在任何时刻都"静止"并不妨碍它在一段连续的时间里是运动的。

排中律的运用非常广泛，比如我们在论证过程中经常用的"反证法""枚举法"等。特别是那些"逻辑思维测验题"，都或多或少地运用到了排中律。

8．白马非马

实际上问题出在对"是"这个概念的定义上。在生活中，"A 是 B"有两种解释：

(1) A 等同于 B；

(2) A 属于 B。

当我们说"白马是马""橘子是水果"的时候，实际上用的是第二种解释，即"白马属于马""橘子属于水果"。而公孙龙则巧妙地把这里的"是"偷换成第一种解释，再论证"白马"和"马"并不等同。所以这是利用日常语言的局限而进行的诡辩。

9．日近长安远

儿子答："为什么说太阳离我近呢？因为我抬头能望见太阳，却望不见长安呢！"

10．子非鱼，安知鱼之乐

庄子反问道："子非我，安知我不知鱼之乐？"

惠施和庄子关于是否知道游鱼快乐的问答都带有诡辩的性质。首先，作为正确的提问，惠施应对庄子说："你怎么知道鱼快乐呢？"而惠施却又加上了一个前提："你不是鱼，怎么能知道鱼快乐呢？"这就构成了一个省略推理，省略的大前提是："凡鱼以外的事物，都不能知道鱼快乐。"

其次，作为正确的回答，庄子应当说明自己为什么知道鱼快乐的理由。庄子避开了正面回答，而是抓住了惠施的"子非鱼，安知鱼之乐"这句话反问道："你不是我，怎么知道我不知道鱼的快乐呢？"这个反问也构成了一个省略推理，省略的大前提是："凡不是我的人，都不能知道我知道鱼的快乐。"

11．我被骗了吗

如果我没有被骗，那么我一整天都因为哥哥早上的话而在空等，也就是被哥哥骗了；如果我被骗了，那我明明就等到了我所等的事，又怎么能说我被骗了呢？这样我那天到底是被骗了还是没有被骗呢？

你有更好的解释吗？我到底有没有被骗？

12．被小孩子问倒了

大约过了一个月，我又去拜访那位教授。大的那个孩子见到我就问："大哥哥，有件事我老想不通，想问问你。"

我说："什么事啊？"

他说："上次你说的那句咒语，当初你是怎么学会的啊？"

13. 我撒谎了吗

虽然从逻辑上来讲，我当时说的是真话，因为如果说我的回答是假话的话就会引起矛盾。但在当时，我确实觉得自己的回答是在撒谎。

从我的那次面试经历可以引申出一个问题：一个人可能不知道自己在撒谎吗？我说是不可能的。我认为，所谓"撒谎"并不是指一个人说的话不符合事实，而是指说话的人相信自己说的话是假的。即使你说的话符合事实，但只要你自己相信那是假的，我也会说你是在撒谎。

心理学里有这样一个例子可以很好地说明撒谎的含义。一个精神病院的医生们想要放一个精神分裂症患者出院，决定替他作一次测谎器检查。医生问精神病病人："你是超人吗？"病人回答："不是。"结果测谎仪嘟嘟嘟响了起来，表示病人在撒谎。

14. 自相矛盾

这时旁边有人问他："用你的矛刺你的盾，结果会怎样呢？"这个卖矛和盾的人就哑口无言了。

15. 打破预言

女儿只需在纸条上写下如下内容："我爸爸会在卡片上写下'不会'两字。"她即可获胜。

因为如果预言家在卡片上写的是"会"，他预言错了，在卡片上写"不会"两字这件事并没有发生。但如果他在卡片上写的是"不会"呢？也是预言错了！因为写"不会"就表示他预言卡片上的事不会发生，但它恰恰发生了：他写的就是"不会"两字。

16. 机灵的小孩

小孩说："你欠了我10个铜板。"如果无赖回答相信，他要给小孩10个铜板，还不如回答不相信赔5个铜板划算。

17. 聪明的禅师

佛印禅师就说："四大本空，五蕴非有，请问学士要坐哪里呢？"

佛教中认为人们的身体是由地、水、火、风假合而成，没有一样实在，不能安坐，因此苏东坡的玉带输给了佛印禅师，至今仍留存于金山寺。

18. 狡诈的县官

县官拍案大怒道："大胆刁民，本官要你两只金锭，你说只收半价，我已把一只还给了你，就折合那一半的价钱，本官何曾亏了你！"

19. 小红帽脱险

小红帽说："我在说假话。"

这句话是个逻辑上的悖论，如果这句话是假的，那么小红帽说的就是真的；如果这句话是真的，则小红帽说的就是假的。所以大灰狼没有办法，只好不再吃她了。

答 案

20．借锄头

乙对甲说："你不想把锄头借给我，对不对？"

这样，如果甲说对，那么，就是猜中了甲在想什么，所以甲要把锄头借给乙；如果乙说的不对，也就是说甲想把锄头借给乙，那么乙自然就能借到这把锄头了。因此，无论甲怎么回答，都要借锄头给乙。

21．锦囊妙计

第一个问题是：如果下一个问题是你愿意不愿意请我吃顿饭，你的答案是否和这个问题一样？第二个问题是：你是否愿意请我吃顿饭？

如果老板的第一个问题的答案是："是。"那第二个问题他必须要回答"是"，小刘就能免费吃到饭了。

如果老板的第一个问题答"不是"，那第二个问题他还是必须答"是"，所以小刘总能免费吃一顿。

22．拿回零花钱

小明答："会。"

23．希腊老师的辩术

学生脱口而出："那不用说，当然是那个脏的。"

希腊老师摇摇头："不对，是干净的去洗。因为他养成了爱清洁的习惯，而脏人却不当一回事，根本不想洗。你们再想想看，是谁洗澡了呢？"

学生忙改口："爱干净的！"

"不对，是脏人，因为他需要洗澡，"老师反驳后再次问学生，"这么看来，谁洗澡了呢？"

"脏人！"学生只好又改回开始的答案。

"又错了，当然是两个都洗了。"老师说，"爱干净的有洗澡的习惯，脏人有洗澡的必要，怎么样，到底谁洗了呢？"

学生眨巴着眼睛，犹豫不决地说："那看来就是两人都洗了。"

"又错了！"希腊老师笑道，"两个都没有洗。因为脏人不爱洗澡，而干净人不需要洗澡。"

"那……老师你好像每次说得都有道理，可每次的答案都不一样，我们该怎样理解呢？"

"这很简单，你们看，这就是诡辩。"

24．要钱币

你说："你不会给我五角硬币和一角硬币。"

25．娶到公主

这个穷小子回答：我来这里是为了被斩首的。听到这句话，大臣傻了眼，不知道如何是好。因为如果真的将这个穷小子斩首，那么他说的是真话，而说了真话是要被烧死的。如果把这个人烧死，那他回答的就是假话，而说假话是要被斩首的。大臣不好处理，就只

103

好报国王裁决。国王冥思苦想了半天也没有办法，只好将公主嫁给他。穷小子利用真话假话与斩首烧死之间的关系，娶到了美丽的公主。

26．都想要的苹果

小张说的是："你欠了我4个苹果。"

27．酒瓶

小李说："不对。如果'半空的酒瓶等于半满的酒瓶'这个等式能够成立，那么我们把等式两边都乘以2：半空的瓶乘以2，等于两个半空的瓶，而两个半空的瓶就是一个空瓶；半满的瓶乘以2，等于两个半满的瓶，而两个半满的瓶就是一个装满酒的瓶。这样，岂不是一个空酒瓶等于一个装满酒的酒瓶吗？"

28．吹牛

小孩说："那么，你用什么去装这种液体呢？"

29．挤公交

小伙子说："我是学习钉子的精神，钉子就是要有挤劲和钻劲。"

30．财主赴宴

他说："没什么，我游过来就等于你游过来。"

31．父在母先亡

这是因为"父在母先亡"这句话有歧义，人们对它可以有不同的理解，或者说它可以表达不同的判断：①父亲尚在，母亲已经去世；②父亲先于母亲而亡，即母亲尚在，父亲已经去世。而且这两种解释不仅适用于现在，也适用于过去和将来。如果求卜者的父母实际上都已去世，那么算命先生会说，我说的是过去的事；如果求卜者的父母都还健在，算命先生会说，我说的是将来的事；如果求卜者当前父在母不在或者母在父不在，那么算命先生也会做出解释。总之，不管是什么情况，求卜者都会觉得算命先生的话是对的。实际上，算命先生是故意玩弄歧义句的诡辩，借以骗人。

32．禁止吸烟

小王漫不经心地回答说："当然，我现在没有在工作啊。"

33．辩解

县官辩解道："我没有违背誓言啊，因为我得到的不是一文钱，受贿徇情也不是一次啊！"

那副誓联的原意是：即使我贪污一文钱也要天诛地灭，即使我徇一次私情也是男盗女娼。这两个判断分别蕴涵着：如果贪污多于一文钱就更是天诛地灭，如果多次徇私情就更是男盗女娼。而这位县官却把誓联曲解为：只有贪污一文钱才天诛地灭，只有徇一次私情才是男盗女娼。这是故意地偷换了命题，以此为自己的贪污受贿丑行辩护。

34．立等可取

修表师傅不耐烦地说："你站着等到下午取，也是'立等可取'嘛！"

在日常用语中，"立等可取"表示时间快或时间短，它表达了这样一个众所周知的判断：你稍等一会儿即可取走。而这位修表师傅却故意把它歪曲为"你只要一直站着等下去，就可以取走"。经过这样的歪曲，不仅等到下午，而且等到任何时间，只要能拿到手表，都是"立等可取"。

35．赤心

他说："这块石头有赤心，难道其余的石头都谋反了啊！"

36．迷信的人

他说："你看，砍了大树之后，'口'里就只剩下'人'了，那不成'囚'了吗！'囚'可比'困'要不吉利得多啊！"

37．遗传性不孕症

不能相信，因为不孕症是不可能遗传的，否则他是从哪里来的呢？

38．修电灯

因为小王家的灯坏了，才叫朋友过来修的。朋友不该看到屋子里黑咕隆咚的没开灯就判断家中没人。

39．运动员和乌龟赛跑

显而易见，运动员当然会超过乌龟，这是我们的常识。

但是从逻辑上来讲，这个问题的错误在于：人们把阿基里斯追赶乌龟的路程任意地分割成无穷多段，而且认为，要走完这无穷多段路程，就非要无限长的时间不可。

其实并不是这样，因为这被分割的无限多段路程，加起来还是那个常数而已。

要确定具体的超越点也很容易。

可以设乌龟跑了 s 千米后可以被追上，此时运动员跑了 $s+12$ 千米，则

$$(s+12) \div s = 12/1$$

解得：$s=12/11$ 千米。

这些哲学谜题在中国古代也有，例如"一尺之棰，日取其半，万世不竭"，是讲一根棍棒，每天用掉一半，那么永远也用不完。但是我们要注意物质和空间是不同的，空间的无限分割更复杂。根据当代物理学原理，宏观物质不能无限分割，分割到分子或者原子的时候，物质就不能保持自身了。但是从物质起源看，到目前仍然不了解物质无限分割的界限，这是物理学上有关物质结构的问题。

40．冒险经历

因为他说一点风都没有，那么他挂上去的白布上的字就不可能被别人看到。

41．旅店的房费

他的错误属于轻率归纳。从"一层每天500元，二层每天400元，三层每天300元"是不可能推出"六层一定是免费"的。

42．逻辑错误

他的错误属于轻率概括。因为"芹"不只是女性才会用，这不是一种必然性；同样，只有女人才梳辫子也不是一种必然性。

43．就要让你猜不到

警察苦思冥想，终于想出了一个好办法：掷骰子。他是这么定的，若掷到1～4点就去银行巡逻，若掷到5、6两点则去酒馆。这样一来，他就有2/3的机会去银行巡逻，1/3的机会去酒馆巡逻。

小偷自然也要选出一个策略来，最后居然也是选择了掷骰子的方法，只不过1～4点是去酒馆，5、6两点则是去银行。那么，小偷有1/3的机会去银行，2/3的机会去酒馆。

遇到一些难以决定的事情，不如随缘吧。

44．负债累累

他说："昨天劳你坐门槛，甚是不安，今天早来，可先占把椅子。"

这时，讨债人才发现欠债人毫无还债之意，意识到自己上当了。

"你明天早点来"这句话，其字面上的含义是清楚的。但是，由于欠债人故意制造了一个特殊的语言环境，即背着其他讨债人偷偷地对坐门槛者说这句话，这就引导对方产生误解：认为欠债人没有那么多的钱一下子还清所有的债，而是暗示要先还欠自己的债。果然，这个讨债者中了诡计。

45．贪吃

"你更贪吃，连西瓜皮都吃掉了！"

46．天机不可泄露

竖起一根指头，可以做出多种解释：如果三人都考中，那就是"一律考中"；要是都没有考中，那就是"一律落榜"；要是考中一人，那就是"一个考中"；要是考中两人，那就是"一人落榜"。不管事实上是哪种情况，都能证明他算的是对的。

47．修庙

这是利用了谐音，在此地建成"一柏、一石、一座庙"。

答 案

48．所罗门断案

如果你足够聪明，你就会嘲笑所罗门的愚蠢，因为所罗门的这个方法根本不能识别出谁才是真正的母亲！当所罗门提出要将孩子一分为二时，真母亲当然不会同意，而宁愿将孩子让给对方。假母亲如果足够聪明，就能够猜测到这是所罗门国王的"苦肉计"，她完全也可以假装痛苦地表示宁愿将孩子"让"给对方。这种情况就变成了两个母亲都愿意将孩子判给对方，问题就又回到了原点。不管所罗门国王杀婴的恐吓是否可信，他现在都无法判断谁是孩子真正的母亲。

第二部分 机 智 幽 默

49．一语双关

皮特回答说："先救未来的母亲！"两个人结了婚，丈母娘就是未来的母亲了，而结婚后不久，苏珊有了自己的孩子，也会成为未来的母亲。一语双关，两个人都心满意足。

50．不会游泳

要过河的那人笑着答道："这位船老大不会游泳，他就会万分小心地划船，所以坐他的船才是最安全的。"

51．马克•吐温的道歉

马克•吐温写道："对于上次在酒会中我所说的'国会中有些议员不是人养的！'表示报歉，我说错了，应该是'国会中有些议员不是婊子养的！'"

52．以其人之道还治其人之身

和尚说："既然布告已出，我当然会遵守，我借给你的宝刀就归你所有了。不过我在你这里借住的房间，也同时归我所有了。"

53．找出匪首

警长说："你们头目的衣服怎么穿反了！"
这些土匪听了后纷纷扭头向头目看去，于是警察就知道谁是土匪头目了。

54．火灾中逃生

小明喊："后门打开了，大家快从后门走！"
其实后门没开，他只是骗大家让出一条路给服务员去开门而已。

55．怎样把水烧开

智者说："如果那样，就把壶里的水倒掉一些！"
青年若有所思地点了点头。智者接着说："你一开始踌躇满志，树立了太多的目标，就像这个大壶装的水太多一样，而你又没有足够多的柴火，所以不能把水烧开。要想把水烧开，你或者倒出一些水，或者先去准备足够的柴火！"

青年顿时大悟。回去后，他把计划中所列的目标划掉了许多，只留下最近的几个，同时利用业余时间学习各种专业知识，几年后，他的目标基本上都实现了。

56．幽默的钢琴家

"你们每个人都买了两三个座位。"

57．弥勒佛

他说："弥勒佛是在笑我不能成佛。"

58．纪晓岚祝寿

因为皇帝都称万岁，所以普通人从少往多过，皇帝只有从多往少过了。

59．善意的批评

他说："也有米饭。"

60．相互提问

小孩提问："有3个眼睛，6个鼻子，还有9条腿的，这是什么东西？"

大人想了半天，无奈地掏出100元给了小孩。小孩飞快地把钱收进了自己的腰包。大人想了想，不太服气，又问小孩："那你来说，你刚刚问题中的那个东西是什么？"小孩狡黠地一笑："其实我也不知道。"说完，掏出一元钱给了大人，然后，迅速地走了……

61．是否改变选择

开始的时候，你选中的机会始终都是1/3，选错的机会始终都是2/3。这点是确定的。

当打开一个100元的信封之后，如果你坚持选择那个信封：

如果10 000元确实是在那个信封里，那么不管主持人打不打开那个100元的信封，你都一定会中奖，所以概率都是1/3×1=1/3。但是如果10 000元不在那个信封里，那么在主持人打开100元的信封后，剩下的那个信封100%是那个有10 000元钱的。所以如果你还是坚持选择那个信封，中奖的概率是2/3×0=0。那么加在一起，你中奖的概率就是1/3。

如果你改变你的决定：

如果10 000元确实是在你选择的那个信封里，那么改选另一个信封，你中奖的概率是1/3×0=0。但是如果你原先猜错了，那么在主持人打开100元的信封之后，剩下的那个信封100%是那个有10 000元的，那样中奖的概率是2/3×1=2/3。最后加在一起，你中奖的概率是2/3。

所以，在这种情况下只要你改变原先的选择，中奖的可能性就会翻一番！

62．不咬人

他说："我知道这句话，但是我不确定这只狗知不知道这句话。"

答 案

63．机智的总统

他说道："假如这是真的，那平尼克将军一定是瞒过了我，全都独吞了！"周围的人听了，无不捧腹而笑。

64．卖梳子

他对经理说："我到了最大的寺庙里，直接跟方丈讲，你想不想增加收入？方丈说想。我就告诉他，在寺庙最繁华的地方贴上标语，捐钱有礼物拿。什么礼物呢，一把功德梳。这个梳子有个特点，一定要在人多的地方梳头，这样就能梳去晦气、梳来运气。于是很多人捐钱后就梳头又使很多人去捐钱。一下子就卖出了3 000把。"

明白对方的需要，抓住对方的心理，解决实际问题，才能势如破竹。

65．裁缝的招牌

写"本条街上最好的裁缝"。

66．教子

他说："爸爸，华盛顿在你这么大时，早已是美国总统了。"

67．后生可畏

小男孩问："那电灯是谁发明的？"
爸爸："是爱迪生。"
小男孩又问："那爱迪生的爸爸怎么没有发明电灯？"

68．哲学家的智慧

他回答："善于驯马的人宁肯挑选悍马、烈马作为自己的训练对象。若能控制悍马、烈马，其他的马也就不在话下了。你们想，如果我能忍受她，还有什么人不能忍受的呢？"

面对嘲笑者的刁钻，苏格拉底机敏地应用类比手法，十分精彩地为自己作了辩白，展示了自己的语言表达技巧与智慧。

69．灵机一动

乙问神父："我走路时想上帝，吃饭时想上帝，吸烟时想上帝，可不可以？"
神父说："当然可以。"
于是那个乙信徒堂而皇之地叼着烟斗走进了教堂。
有时候，事情本身并不重要。关键是，要学会换个说法。

70．老虎来临

此时已换好鞋的A淡淡地说："我的确是跑不过老虎的，不过，我只要跑得比你快就好了。"

71．小孩与狗熊

狗熊说："我劝你还是忍了吧，我有的是力气。"

小孩说："我光听说狗熊傻，可没听说狗熊有力气。"

狗熊火了，指着一个磨盘大的石头说：

"等我把这块石头扔到山下去，你就知道我是不是有力气了。"

狗熊背起了磨盘大的石头，故意在草地上走了一圈儿，顺着陡坡把石头扔下山去。磨盘大的石头发出隆隆的巨响。狗熊得意地哼了一声。

小孩说："背石头不算力气大，能拔起一棵树才算力气大。"

"那你就等着瞧吧！"

狗熊说着，吭哧吭哧拔起树来。费了九牛二虎之力，终于把一棵松树给拔起来了。

小孩说："你能把松树拖到东边的湖里去吗？如果你能把树扔到湖里，让它像船一样漂起来，我就服你了。"

狗熊真的把大树拖到湖里了。可是，它已经累得筋疲力尽，站进湖里以后，本想爬到岸上来，却"扑通"一声落到水里去。小孩趁机跳过去，揪住狗熊的耳朵，把它的脑袋摁到湖里，灌了它一肚子水。

狗熊告饶了，答应了小孩的要求，给小孩赔偿：自己当一头牛，学会拉犁，帮助那个小孩种地。

72．聪明的兔子

"真是抱歉，大王！"兔子回答说，"我最近伤风，鼻子都塞住了。你能不能让我回家休息几天，等我伤风好了再说？因为只有到那时候，我的鼻子才管用，才能说出您嘴里发出来的是什么气味。"

狮子没有办法，只好放兔子回家。不用说，兔子乘此机会逃之夭夭，一去不复返了。

73．一休晒经

一休禅师非常认真地解释道："我这是在晒藏经呢。你们晒的经是死的，会生虫。我晒的藏经是活的，会说法、会干活、会吃饭，有智者应该知道哪一种藏经才珍贵！"

舍本逐末，事倍功半。不知道什么是对自己最重要的东西，往往会浪费太多精力。人生苦短，怎能经得起这样的消磨？

74．两个导游

他诗意盎然地对游客说："我们现在走的正是赫赫有名的伊豆迷人酒窝大道。"

虽是同样的情况，因为有了不同的意念，就会产生不同的态度。思想是何等奇妙的事，如何去想，决定权在你自己。

75．聪明的老人

老人说："这就是那位朋友送来的兔子汤。"我和你是朋友，你和他是朋友，我和他可能是朋友，也可能不是朋友而是冤家。老人的机智就在于形象地把朋友间的非传递关系揭示了出来。

答 案

76．学问与金钱
父亲则轻描淡写地回答："说这种话的人，口袋里一定没有钱！"

77．阿凡提的故事
阿凡提拿出钱袋，在巴依面前晃了晃，说："巴依，你听见口袋里响亮的声音了吗？"

"什么？哦，听到了！听到了！"巴依说。

"好，他闻了你饭菜的香气，你听到了我的钱的声音，咱们的账算清了。"

阿凡提说完，拉着穷人的手，大摇大摆地走了。

78．进化论
对于这种浅薄无聊的恶语中伤，赫胥黎立即站起来答辩。

他庄严地宣称："达尔文的学说是对自然史现象的一个解释，他的书里充满了证明这个学说的大量事实，没有别的学说提供更好的对物种起源的解释。"最后，为了科学的尊严，他对威尔勃福斯的人身攻击进行了必要的回击："我断言，我重复断言，要说我起源于弯着腰走路和智力不发达的动物，我并不觉得羞耻；相反，要说我起源于那些自负很有才华，社会地位很高，却胡乱干涉自己所茫然无知的事物，任意抹杀真理的人，那才真正可耻！"

赫胥黎的讲话有力地驳斥了主教的胡说八道，博得了听众的热烈掌声，而自负很有"辩才"的威尔勃福斯却已哑口无言。

79．回敬
他说："你小时候一定很聪明吧！"

80．遇见上帝
他一咬牙，对上帝说道："你把我打成半死吧。"

81．岳母的刁难
小董说："那要看桶的大小了，如果桶是和青海湖一样大的，那么就有一桶水；如果桶只有湖一半大，那么就有两桶水；如果桶只有青海湖的 1/3 大，那就是三桶水……"

82．心灵感应
不是的。没有心灵感应。小明每次到家时都会喊："老婆开门。"如果小红真的在家，她就会听到，如果不在家，她就不知道小明叫了她。所以小红知道的每一次都是对的，并不是两人真有心灵感应。

83．反驳
阿里斯庇普回答道："这并不奇怪，我害怕是因为想到希腊即将失去一位像我这样的哲学家。但是，你有什么可担忧的呢？你如果淹死了，希腊最多也不过是损失了一个白痴！"

故事中，阿里斯庇普没有否认自己的害怕，他的聪明之处是在暴发户结论的基础上独辟蹊径，为暴发户的结论作出了一个更加幽默的解释，从而将暴发户的结论推上不打自败的境地。这种方法从表面上来看是荒谬的，但实际上通过智慧的转化，往往能够谬中求胜。从这一点来看，它一点也不荒谬，而且处处闪耀着智慧的灵光。

84．你有什么了不起的

当爸爸嗤笑他时，他就对爸爸说："你有什么了不起的，我的儿子比你的儿子强得多。"

当儿子嗤笑他时，他就对儿子说："你有什么了不起的，我的爸爸比你的爸爸强得多。"

同一个人相对于和他爸爸的关系来说"是儿子"，相对于和他儿子的关系来说又"是爸爸"。上面那个自我解嘲的人就是这样。当他对爸爸说"你的儿子"和对儿子说"你的爸爸"时，实际上指的都是他自己。经他这么一说，他的短处变成了长处，缺点变成了优点，似乎他的情况反倒比爸爸和儿子都优越。

85．谁比谁聪明

老猴子说："傻孩子，如果我不高高跳起来接住爆米花逗逗他，他还会再丢爆米花吗？"

波普曾经说过："人们的观察力就像他们的手表，没有两只能够走得完全一样，但每个人却都只相信自己。在生活中，往往我们认为聪明，认为占便宜的地方，或许在其他人看来却是吃亏的、笨的行为也说不定。"

86．擦皮鞋

"是呀。"林肯答道，"那么平时你是擦谁的皮鞋呢？"

记者本来是赞扬"林肯作为总统能做到自己擦皮鞋"，可是林肯巧妙地利用记者话语中逻辑过程的省略，把记者赞扬的内容偷换成"林肯擦自己的皮鞋"，从而达到幽默的效果。

87．一件旧大衣

"这又何必呢？"爱因斯坦说，"反正这儿每个人都已经认识我了。"

88．中国人的幽默

这个中国人不紧不慢地对灯神说："给我来瓶二锅头。"灯神给了他二锅头。中国人拔去瓶盖，坐在地上慢悠悠地品尝起来。美国人和法国人则焦急地看着中国人，等着他许第二个愿望。

中国人终于将最后一口二锅头喝进嘴里，于是站起身拍了拍屁股，对灯神说："好了，没什么事了，你走吧。"

89．打棒球的男孩

"哇！"他突然跳了起来，"我真是一流的投手。"

90．割草的男孩

男孩说："我只是想知道我做得有多好！"

答 案

91．将兵游戏
本题需要注意的是题目中所给的数字都是无用的，因为第一句话就说"你是司令"所以司令的年龄就是读者你的年龄。

92．习惯标准
儿子回答说："因为她没有责怪你。"
我们习惯以不同的标准来看人看己，以致往往是责人以严，待己以宽。

93．《语文》
因为《语文》的第1页和第2页在同一张纸上，同理第49页和第50页也是同一张纸。不可能夹着钞票。

94．地主的刁难
你只要回答："你是怎么把它装进去的，我就怎么把它拿出来。"

95．捏面人
因为答案是"夺"。

96．聪明的男孩
因为他的手比我的大得多呀！

97．买东西（1）
如果你伸出两个手指作剪刀状，那么你就错了，因为他只是个盲人，可以说话。所以他说："我要买把剪刀。"

98．他在干什么
在听英语录音练习口语。

99．戏弄和珅
因为纪晓岚的"竹苞"两个字拆开看就是"个个草包"，骂和珅全家个个都是草包。

100．没有写错
张作霖说："我是故意少写个'土'的，坚决不能把'土'给日本人。"

101．讽刺慈禧
画师的真正意思是："临阵脱逃（托桃）。"讽刺慈禧太后当年临阵脱逃跑到西安的事。

102．巧断讹诈案
那这十两银子不是你的，等有人拾到送来的时候我再通知你。

103．幽默家的牌匾

是"自讨苦吃"。

104．华佗骂贪官

竖着念每种药的第一个字，就是"柏木棺材一副，八人抬上山"。

105．办不到

她的错误在于她偷换了概念。在这里，"跟着"是相伴的意思，不是每时每刻跟在身后。

106．超重

老太太偷换了概念。邮局工作人员的"超重"的意思是"超出了重量范围，需要多付邮费"。而不是简单的"太重"。

107．种金子

阿凡提说："这几天滴雨未下，种下的金子全都干死了。"

108．让路

歌德说："我恰恰相反，您请。"

109．纪晓岚的计谋

纪晓岚一天只给何庆芳读3个字。和珅说："你这样的话，他老死狱中，你这书也读不完。"纪晓岚说："皇上允许我在读完这册书之前不能杀死何庆芳，并没有讲什么时候读完。"

110．巧记圆周率

有个顺口溜：山巅一寺一壶酒，尔乐苦煞吾，把酒吃，酒杀尔，杀不死，乐尔乐！记住了它就可以轻松背出小数点后22位的圆周率了。

111．推销作品

他在征婚启事中写道："本人是一位年轻有教养的百万富翁，希望能娶到一位和毛姆小说中的女主角一样的女性为妻。"

112．解除尴尬

他说："谢谢大家！刚才我是为大家的热情所倾倒。"

113．巴尔扎克的幽默

巴尔扎克笑着说："我笑的是，我在白天都找不到一枚硬币的抽屉，你居然想在黑夜里从里面翻出钱来。"

114．演讲

他说："这位先生，您先别着急，我马上就要谈到您提出的脏乱问题了。"

115．讲故事

阿凡提说："你们截住不让他到澡堂去，谁知他后来怎样了！"

116．装睡

不是的，哥哥没有特异功能。哥哥每次见到弟弟在睡觉的时候都会说："你在装睡！"如果弟弟真的装睡，就会听见；而当弟弟真的睡觉的时候，他不会知道哥哥在说话，所以他知道的每一次都是对的。

117．德政匾

官一到任，金天银地；官在署内，花天酒地；官在断案，昏天暗地；百姓含冤，怨天恨地；如今去了，谢天谢地。

118．傲慢的夫人

他说："很简单，只要像我一样说假话就行了。"

119．两堵墙

咱们拐角见。

120．无法修改

孔。

121．买东西（2）

他买的就是柜台。

122．聪明的书童

是酒桌。

第三部分　巧 猜 谜 语

123．招贤谜题

大汉把装满清水的碗倒扣在桌上，并用火石取火点燃了蜡烛，有"反清复明"的意思，所以正是郑成功要找的贤士。

124．对哑谜

苏东坡的意思是："狗啃河上（和尚）骨"。

而佛印对的是："水流东坡诗（尸）"。

125．生物课

是一把带有扶手的椅子。

126．奇怪的顾客

它们分别是猪耳朵、猪肚、猪舌头、猪尾巴。

127．聪明的孩子

三个媳妇都住十五天，因为三乘以五是十五，七加八也是十五。
带的礼物分别是核桃、灯笼和鱼。

128．下一站去哪儿

他的下一站去上海。

129．出差的地点

第一个地方是太原，第二个地方是旅顺。

130．接头暗号

因为是过了元旦不久，所以当时是一月。把接头暗号中的"腊"字拆开，就是"月廿一日"，所以接头时间应该是一月二十一日酉时。

131．酒鬼的外甥

外甥是用数字的谐音来写的这封信，意思是：
舅舅
不要吃酒吃酒误事
吃了一两酒不是动怒就是动武
一点儿酒都不要吃

132．徐文长题字

"心"少一点，既代表"点心"之意，又有让人空腹之感，所以来店里的人都纷纷买些点心，所以生意越来越好。后来，店主用黑漆加了一个点后，让人觉得有黑心之意，加上店家偷工减料，所以生意就自然变差了。后来，徐文长给店主出的主意是把加上去的那个黑点改为红色，让人觉得是"诚信，热心，悔改"之意，所以店里的生意再次变好了。

133．牧童的谜语

走的是右边那条路。牧童躲在石头后面，伸出了头，表示"石"字上面出了头，就是"右"字了。

134．狄仁杰解难题

谜底是月亮。

135．摇钱树

这个摇钱树就是我们的双手。

136．猜称谓

岳母，令郎。

137．猜词语

天下奇才。

138．猜文具

黑板。

139．猜动物（1）

金鱼。

140．猜植物

荷花。

141．数字谜语

(1) 三七。

(2) 舌头。（"舌"字的上面部分）

(3) 双打。（一打是 12 个）

(4) 百合。

(5) 漏洞百出。（漏掉一个 0 就变成 100 了）

142．郑板桥劝学

谜底是烧水用的水壶。

143．两位老人

第一位老人是八十一岁，因为"本"字拆开就是"八十一"，而第二位老人是九十九岁，因为他写的是"白"，就是差"一"是"百"。

144．巧骂财主

因为根据郑板桥的建议，将偏旁部首漆成不同的颜色，这样原来的"雅闻起敬"四个大字中，就会有四个字突出出来，就是"牙门走苟"，谐音"衙门走狗"，财主也因此被人笑话。

145．情侣问路

老大爷说："要女孩走开。"就是把"要"字中的"女"字去掉，就是"西"，所以走西边那条路就好了。

146．秀才猜字

是"井"。

147．猜字谜（1）

是"容"字。因为"窝"的头是"穴","火"的腿是"人","点"的心是"口",就组成了"容"字。

148．猜字谜（2）

是"汗"字。蜻蜓的样子像个"干"字,加上"水",就是"汗"字。

149．猜字谜（3）

是"彬"字。去掉左边是"杉",去掉右边是"林",去掉中间还是"杉"。

150．猜字谜（4）

遭。

151．猜字谜（5）

哭。

152．猜字谜（6）

甲。

153．猜字谜（7）

曲。

154．猜字谜（8）

郭。

155．水的谜语

(1) 永
(2) 冰
(3) 泗
(4) 洲
(5) 汁
(6) 汗

156．答非所问

姓"田"。"没心思","思"字没有"心",当然是"田"了。

答 案

157．出门旅游

青岛，长春，宁波，天津，上海，温州。

158．用谜语解谜语

两个人的谜底都是扇子。司马光的谜语荷花露面是春末夏初，梧桐落叶是秋季，扇子夏天开始用，到了秋天天气凉爽就不用了。黄庭坚的谜语则是"户"字下面一个"羽"字，也是"扇"。

159．聪明的杨修（1）

在门上写个"活"字，就变成了"阔"，当然是嫌小了。

160．聪明的杨修（2）

把"合"字拆开，"一合酥"就是"一人一口酥"，所以意思就是让大家分着吃掉。

161．美食家

刘备求计问孔明——缺算（蒜）；

徐庶无事进曹营——少言（盐）；

赵云难勒白云马——无缰（姜）；

孙权阵前乱点兵——短将（酱）。

162．见机行事

因为"门"里一个"心"字是闷，意思是不便接待访客，而"门"里一个"木"字是闲，就是有空了，欢迎来访。

163．酋长的谜语

酋长的谜语的谜底是青蛙，年轻人的谜底是蛇。

164．买水果

骨包肉是开心果，皮包肉是香蕉。肉包骨有很多，像葡萄干、石榴、苹果等都是。

165．打哑谜

小刚的意思是生日快乐。"星"拆开就是"生日"，"女"和"子"就是好，好就是快乐。小明回信的意思是谢谢，花枯萎了是谢。

166．巧猜谜语

是"解"字，把"牛、角、刀"三个字合在一起就可以了。

167．猜名字

哥哥叫玉宝，弟弟叫玉空。

168．猜谜语（1）

谜底是"汗"。

169．猜谜语（2）

是木匠用的墨斗。

170．猜诗谜（1）

是爆竹。

171．猜十个字

分别是：一二三四五六七八九十。

172．猜动物（2）

恐龙。

173．猜人名

刘邦。因为留下的全是白菜帮。

174．猜地名

塔里木。

175．符号猜字

是"坟"字。

176．我是什么

海马。

177．书童取物

是"茶"，上面是"草"，中间是"人"，下面是"木"，就是个"茶"字。

178．奇怪的字谜

是"章"字。去掉上面念"早"，去掉下面念"音"，去掉中间念"辛"，去掉上下念"日"。

179．猜谜语（3）

是算盘。

180．影射

"恳"字加一点就是良心，影射他没有良心。

答 案

181．这个字读什么
是"法律"的"法"。别被带到沟里去了。

182．文字游戏
"个"或"及"。

183．这是什么字
冲。要学会变换角度思考问题。

184．青铜镜
"申"（猴）无头为"甲"，牛无头为"午"，青铜镜为甲午年制造的。

185．姓什么
"子鼠"，老鼠可以代表"子"字，下面一个器皿的"皿"，所以这个人姓"孟"。

186．谜语药方
唯他不死：独活；通晓老娘事：知母；
机构繁多：百部；心怀宏图：志远；
假期已满：当归；全面清账：大蒜；
刘关张结义：桃仁；枉评先进：白前；
骨科医生：续断；红色顾问：丹参。

187．三人对谜语
是"鲜"字。

188．聪明的伙计
这是一个诗谜，谜底是四个字"何等好醋"。

189．曹操的字谜
是"八"字。

190．聪明的唐伯虎
因为"句"字是"向"字去掉左边的一竖，也就是"'向'左一直走"的意思。

191．谜对谜
两个谜底都是"日"字。

192．免费住店
谜底都是"口"。

193．孔子猜三天

是"晶"字。因为孔子猜三天，也就是三个"日"，就是"晶"。

194．小明姓什么

小明姓"安"。因为"生日宴"，"宴"字省了"日"，剩下的就是"安"了。

195．变新字

哑，有口难言。
恶，存心不良。

第四部分　成 语 填 字

196．歪打正着

因为同事以为他答对了。这两个动作分别代表"调虎离山""放虎归山"。

197．填成语

身先士卒，舍车保帅，车水马龙，马到成功，如法炮制，兵荒马乱，厉兵秣马。

198．猜成语（1）

一日千里。

199．猜成语（2）

百年大计。

200．猜成语（3）

刻不容缓。

201．猜成语（4）

一日千里。

202．猜成语（5）

无与伦比。

203．猜成语（6）

灵机一动。

204．情境猜成语（1）

第一个打开电视看了几秒，猜的成语是"有声有色"；第二个关掉电视机，成语为"不露声色"。

205．情境猜成语（2）

望眼欲穿。

206．指针猜成语

（1）午（五）时三刻

（2）七上八下

（3）三长两短

207．棋盘猜成语

一马当先，按兵不动。

208．成语计算

（一）鸣惊人＋（二）龙戏珠＝（三）山五岳

（三）更半夜＋（六）亲不认＝（九）牛一毛

（八）仙过海－（二）八佳人＝（六）朝金粉

（十）恶不赦－（七）擒七纵＝（三）从四德

（二）话不说×（三）朝元老＝（六）神无主

（十）全十美×（十）年寒窗＝（百）步穿杨

（八）拜之交÷（八）面玲珑＝（一）本万利

（千）手观音÷（十）拿九稳＝（百）尺竿头

209．提示猜成语

（1）度日如年

（2）无米之炊

（3）金玉良言

（4）顶天立地

（5）脱胎换骨

210．八字成语（1）

一波未平，一波又起

一夫当关，万夫莫开

十年树木，百年树人

只可意会，不可言传

前事不忘，后事之师

211．八字成语（2）

宁为玉碎，不为瓦全

机不可失，时不再来

有则改之，无则加勉

道高一尺，魔高一丈
言者无罪，闻者足戒

212．暗含成语的数字

3.5（不三不四）；
2＋3（接二连三）；
333 和 555（三五成群）；
9 寸＋1 寸＝1 尺（得寸进尺）；
1 256 789（丢三落四）；
12 345 609（七零八落）；
23 456 789（缺衣少食）。

213．找成语（1）

三朝元老，老调重弹，谈古论今，今非昔比，比翼双飞，飞龙在天，天高地厚，厚德载物，物美价廉。

214．找成语（2）

呆若木鸡，鸡犬不宁，宁缺毋滥，滥竽充数，数典忘祖，祖宗家法，法不责众，众志成城，城门失火。

215．成语搭配（1）

吃得→津津有味，喝得→烂醉如泥，穿得→邋里邋遢，说得→滔滔不绝，笑得→手舞足蹈，哭得→泪流满面。

216．成语搭配（2）

冷→春寒料峭，热→骄阳似火，风→飞沙走石，雨→淅淅沥沥，雪→冰天雪地，雷→晴天霹雳。

217．成语搭配（3）

高兴→心花怒放，伤心→肝肠寸断，哭泣→声泪俱下，生气→勃然大怒，偷笑→忍俊不禁，发呆→愣头愣脑。

218．成语搭配（4）

春天→莺歌燕舞，夏天→蝉不知雪，秋天→西风落叶，冬天→雪兆丰年。

219．成语搭配（5）

神态→如痴如醉，动作→指手画脚，说话→娓娓而谈，外貌→心宽体胖。

220．填反义词

瞻前顾后，混淆是非，悲喜交加，南辕北辙，假公济私，举足轻重，黑白分明，弱肉强食，

答 案

221．反义词（1）

大惊小怪，东张西望，前因后果，有眼无珠，阳奉阴违，里应外合，异口同声，内忧外患，左思右想。

222．反义词（2）

舍生忘死，承前启后，开天辟地，虎头蛇尾，柳暗花明，七上八下，借古讽今，积少成多，顾此失彼。

223．带有颜色的成语

红颜薄命，黄道吉日，蓝田生玉，绿水青山，白驹过隙，紫气东来。

224．十二生肖（1）

鼠目寸光，气壮如牛，调虎离山，兔死狐悲，叶公好龙，画蛇添足，单枪匹马，羊肠小道，尖嘴猴腮，鸡犬不宁，偷鸡摸狗，猪朋狗友。

225．十二生肖（2）

胆小如鼠，汗牛充栋，狐假虎威，狡兔三窟，龙腾虎跃，蛇鼠一窝，万马奔腾，亡羊补牢，杀鸡儆猴，嫁鸡随鸡，狗急跳墙，人怕出名猪怕壮。

226．藏头谜语

填的字为："天天树叶绿，日日百花开。"
猜的地面为：长春。

227．隐藏的诗

从右下角开始读，然后再折回来，就成了："山中山路转山崖，山仙山僧山中来。山客看山山景好，山桃山杏满山开。"

228．取得证据

这是一首藏头诗，把每一句诗句的第一个字拿出来组成一句话，就是提示：绿彩笔内账单速毁。

229．猜唐诗

第一个情境是"一行白路"，第二个情境为"鸟上青天"。加起来就是"一行白（鹭）上青天"。

230．猜诗谜（2）

小明说的是："特来问安。"朋友回答的是："请坐奉茶。"

231．秀才做菜

四句诗分别是：两个黄鹂鸣翠柳，一行白鹭上青天，窗含西岭千秋雪，门泊东吴万

125

里船。

232．数字对联

因为对联中已经表明了，"二三四五"是缺"一"，"六七八九"是少"十"，意思就是缺衣少食。

233．对对联（1）

下联是："蚕乃天下虫。"

234．有趣的招牌

行（xíng）行（xìng）行（hàng）。因为这是一家商行，首先就可以确定第三个"行"字的正确读音应该为"háng"。而做生意是一种商业行为，要有商德，品质高尚，这也是对商家的一种规范和要求，行主以此作为自己的经商标准，所以就可以明白第一、二个"行"字的读音分别为"xíng"和"xìng"。

235．填数词

一年好景君须记，二月春风似剪刀
三千宠爱在一身，二十四桥明月夜
楼阁玲珑五云起，六宫粉黛无颜色
人生七十古来稀，八千里路云和月
九华帐里梦魂惊，十三学得琵琶成
三十功名尘与土，百尺朱楼闲倚遍
千里莺啼绿映红，万紫千红总是春

236．变省份名

方法如图7-1所示。

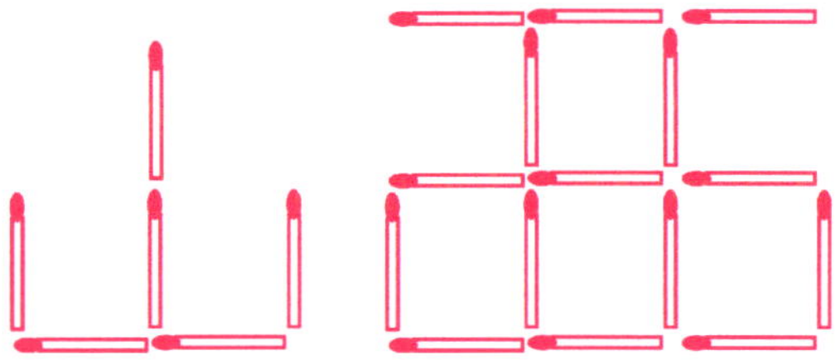

237．"二"字

方法如图7-2所示。

图 7-1

238．火柴文字

也许你会说要移动三根。其实只需要移动一根就够了。就是把"旨"字上面的那个竖着的火柴移动到中间，然后倒过来看就是"早"字了。

239．组合字

加入"月"字。可以与"古"组成"胡"，与"巴"组成"肥"。

240．加一笔（1）

方法如图7-3所示。

天	元	无	云
夫	牛	丰	仁
月	井	王	开
五	午	手	毛

图 7-2

车	轧	开	卉
立	产	亚	严
刁	习	玉	压
舌	乱	灭	灰

图 7-3

241．加一笔（2）

方法如图 7-4 所示。

242．填空格（1）

加入"工"字。

243．填空格（2）

加入"日"字。

244．猜字

A：氏；

B：日；

C：辰；

D：寸；

E：身；

F：月；

G：巴。

凡	风	尤	龙
烂	烊	利	刹
去	丢	头	买
叶	吐	禾	杀

图 7-4

245．变字（1）

可以变成"干"或者"土"字。

246．变字（2）

可以变成"不"字。

247．变字（3）

可以变成"甲"字。

248. 变字（4）

可以变成"白"字或者"旧"字。

249. 纪晓岚应答

第一个问题，进出都是两人，一个男人，一个女人；

第二个问题，生一人，死十二人。他是按属相算的，比如今年是鼠年，今年出生的都属鼠；而一年不论死多少人，都逃不出十二生肖。

第五部分 沟通技巧

250. 郑板桥行酒令

有水便是清，无水也是青；去掉清边水，添心便是情。不看君面看壶面，不看人情看酒情。

251. 聪明的仆人

仆人问其中任意一个丫鬟："请问，如果我问她（指着另一个丫鬟）哪个纸条写着'重罚'，她会怎么说？"丫鬟回答后，仆人只需选丫鬟指的那个即可。

252. 难倒唐伯虎

这是一个隐字对，语义双关。"重泥"又指"仲尼"，即孔夫子。子路是他的学生。农夫以老师自居，讨了便宜，又难住了唐伯虎。

253. 错在哪里（1）

这是一个说话的顺序问题。第一次，先问"结婚了没有"，既然对方回答"还没有"，就不应该问"有几个孩子"；第二次，先问"有几个孩子"，既然对方回答"两个孩子"，就不应该问"结婚了没有"。两次他的预设都不合理，所以才会遭人白眼。

254. 语言的力量

这位演说家是这样做的：

"笨蛋一个！你根本就没有理解我话里的意思。"这位演说家没等他说完，就在台上对他大声呵斥。

这位听众顿时目瞪口呆，继而怒形于色，愤然起身反击："你才是……"

但是演说家手一挥，没让他继续说下去："对不起，我刚才并不是有意伤害你的，希望你接受我最真诚的道歉。"

这位听众的怒气此刻才渐渐平息。

出现这一插曲，在场的所有听众都议论纷纷。而演说家则微笑着继续他的讲演："看到了吧，刚才我只不过说了那几个词，这位听众就要跟我拼命；后来，我又说了几个词，他的怒气就消了。所以，千万要记着，你说出的话有时就像一块石头，砸到人家身上，会使人受伤；有时，它又像春日里的和风，轻拂而过，让你倍感舒心。这就是言语的威力啊。"

255．组织踢球

这时候组织者就会耍一个花招：开始联系第一个人A的时候，组织者会告诉他，已经有很多人答应要来了，比如××、×××等，现在就差他一个了，这样他会毫不犹豫地答应下来；联系第二个人B的时候，组织者告诉他已经有很多人都要参加，比如××和A，就等他一人了；联系第三个人C时，组织者告诉他，有很多人答应会来，比如A和B，就等他了……如此联系下去，基本能叫到的人都会来，一场足球赛也就成功组织起来了。

在这里，组织者开始说已经有很多人答应参加比赛，只是作为预先的"假定"。这个假定带有"欺骗"，但这个欺骗是没有恶意的。这个假定对其他人心理的影响很大，最终一场球赛也得以组织起来。

256．如何暂时减薪

某位经理出了个主意，让人事部的主任去向员工宣布这样一条消息：因为公司暂时陷入财政危机，因此要裁掉一大批人以节省开支，请员工们谅解。

消息一出，立刻引起轩然大波。没有谁愿意这个时候离开公司，毕竟这家公司待遇不错，而且也只是暂时的危机，熬过去的话相信能获得更大的收益。接下来的几天里，众员工皆战战兢兢、小心翼翼，生怕自己一不小心的举动就凑巧成为被辞退的理由。

就在这种压抑的气氛渐渐浓郁到让人透不过气来的时候，公司总经理出面了，他带着兴奋的表情对众人说："虽然公司现在很困难，但是员工们才是公司最宝贵的财富，经过反复的讨论，公司决定不裁员了。"说到这里，总经理故意停顿了一下，随后，员工们沸腾了，整个公司成了一片欢乐的海洋。

乘着大家的高兴劲儿还没过，总经理又说道："但是，公司的困难总是需要解决的，所以，公司会暂时削减所有人的薪水，大家一起努力渡过这个难关，待到公司摆脱困境便立刻恢复。"

这时的员工因为经历过裁员的恐慌，对于减薪这件事已经比较能接受了，再说，将来还有可能恢复，减就减吧。

就这样，公司顺利将其减薪计划推行了下去。

257．聪明的小男孩

纸条上写着："先生，我排在队伍中第21位，在你没有看到我之前，请不要作决定。"老板为什么把工作给了他，因为他很早就学会了动脑筋。

258．考试及格

如果我是小磊，一进门就先跟妈妈说："今天考试好难，全班都不及格，只有一个人及格了。"

"谁啊？"

"我。"

"多少分啊？"

"六十分。"

说的话是一样的，但语言顺序不同，效果也许就完全不一样了，就算妈妈觉得六十分比较少，也不会一巴掌就打过去，说不定想想孩子考了第一名，还会给一番奖励呢。

259．钢琴辅导

张老师吸取了教训，对后来的家长一开始先说："恭喜您啊，您孩子真有天赋，学东西特别快，进步十分明显，已经可以学习高级一些的东西了。"

家长通常都眉头一扬，心情非常舒畅，甚至有些小得意。

这个时候张老师才说："不过因为钢琴课的升级，学费可能要稍稍调整一下。"

此时家长即使不太愿意，最后也会接受。

这便是话语的先后顺序所带来的奇妙现象。

260．父母和孩子

可以这样回答："当年我们是说等你长大懂事后自然会明白我们是为你好，虽然你现在长大了，可是你思考问题还是像个小孩一样不成熟。你没看出我们的决定有什么好的地方，这正说明了你还没有懂事！"

261．买烟

因为他跟店员说："便宜一毛吧。"然后，他用这一毛钱买了一盒火柴。

这是最简单的心理边际效应。第一种：店主认为自己在一个商品上赚钱了，另外一个没赚钱。赚钱指数为1。第二种：店主认为两个商品都赚钱了，赚钱指数为2。当然心理倾向第二种了。同样，这种心理还表现在买一送一的花招上，顾客认为有一样东西不用付钱，就赚了，其实都是心理边际效应在作怪。

262．谁对谁错

选B。小王只是说明天天气晴朗，就去看球赛，并没有说不晴朗就一定不去。

263．错在哪里（2）

这两句话初看起来都没有问题，但是仔细分析就会发现矛盾的地方。第一句中的"他"既然是"空难死者"之一，又怎么会"幸免于难"呢？第二句中的声音既然是"节奏声"，又怎么会"紊乱"呢？

归根结底，这都是因为平时我们在说话时不注意逻辑的严密性造成的。而有时我们也形成了对这种不严密睁一只眼闭一只眼的态度。但如果把这种不严密的思维养成习惯，就会闹出各种笑话。

264．今天星期几（1）

当你仔细观察之后，你会发现，两个假设是相对的，也就是说今天是星期天。这个孩子竟然在星期天去上学，确实是"小糊涂"。

265．张仪的计谋

张仪再度求见楚怀王。

"看来大王并不想提拔我，因此，我想告假去晋国看看。"

"好吧！"

"那么，您不想要晋国的什么东西吗？"

"我国有黄金、玉、犀、象，什么也不缺。"

"难道不想要女人吗？"

"你的意思是……"

"听说晋国女人美若天仙呀！"

"哦，可能是因为我国较为偏僻，所以没有那样的美女。我倒是很想要的！"

楚怀王一听到美女就乐不可支，立刻给张仪提供大量钱财，以便网罗美女。南后和郑袖二人听了之后非常担心，因为如果张仪真的带回晋国美女，自己一定会失宠。南后连忙派人前往张仪那里，使用怀柔策略：

"听说先生要前往晋国，这儿有千斤黄金，就权当路费吧！"

"好啊！"

郑袖也以怀柔的姿态赠送了五百斤黄金。于是，张仪身怀巨款，再度向怀王告别。

当怀王赐酒时，张仪看准时机开口说道：

"只有我们两个人太无趣了，能否请您宠爱的人来陪酒呢？"

"说的也是。"

于是怀王就召南后和郑袖来敬酒，张仪看了两人一眼立刻露出惊讶状，然后毕恭毕敬地说道：

"我犯了大错。"

"什么事？"

"我走遍各国，第一次看到这样的美女，先前居然不知，太失礼了。"

"算啦！算啦！不必在意。事实上，我也认为天下没有比这两人更美的了。"

于是，张仪既不用本钱，也不必回报，就获得了大笔金钱。同时，还使得楚怀王和两名宠妾都很满意。

266．误会的产生

在场的人谁也不懂他们间的较量。在随后的茶点会上，皇帝悄悄地问罗马学者，这究竟是什么含义。

"他是一个才华横溢的人。"罗马学者解释说，"当我举起一根手指时，表示世上只有一个上帝，他举起两根手指是说上帝创造了天地。我举起了三根手指，表示人在怀胎一生一死间循环，毛拉以四根手指作答，象征人的躯体是由土、气、水、火四种元素组成。我挥动我张开的手掌，意味着上帝无处不在，而他用握紧的拳伸进他的掌心，是补充说上帝同样也在这里，在我们中间"。

"好吧，那么鸡蛋和洋葱是怎么回事？"皇帝紧追着问。

"鸡蛋是地（蛋黄）被天包围的象征。毛拉拿出一个洋葱表示地周围的天有很多层。我问他，他用什么证明天的层数和洋葱皮的层数一样多，结果他指给我看那些高深的书。唉，那些都是我所不知道的。您的毛拉真是一个非常博学的人。"然后沮丧的罗马学者就离开了。

接着，皇帝问毛拉关于这场辩论的情况。毛拉回答说："这很容易，陛下。当他举起一根手指向我挑衅时，我举起了两根，意思是我会挖出他的两只眼珠。当他举起三根手指时，我确信他打算踢我三下。我就以牙还牙，要回敬他四下。他扬起整个手掌，毫无疑问，是要扇我一个耳光。那样我就会回他一记重拳。他看到我是认真的，就开始变得友好起来，送我一个鸡蛋，我就送他我的洋葱。"

……

看到这样一个荒唐的结果你有什么感想？戏剧化吗？这其实不过是双方相互之间沟通不畅所引起的误会与巧合。其实，手势也好，语言也罢，都只占沟通的一部分，很多时候还要依靠动作、表情等方面的辅助，单靠其中的一种，很容易让人产生误会。

267．老虎是老动物

以上两个推理叫附性法推理，简称"附性法"。附性法是指在一个全称肯定判断或者单称肯定判断的主项与谓项的前面和后面都加上一个相同的概念，从而得到一个新判断（结论）的直接推理。从语词的角度来说，附加的语词可以是形容词（表示性质）或数词（表示数量），也可以是动词（表示行为）。附性法要保证从真前提推出真结论，必须遵守推理的规则。规则之一是：附加的概念在与前提的主项与谓项结合后，不能有不同的含义，所反映的对象必须是相同的。

这个推理就违反了这条规则。从语词上看，虽然附加的是同一个语词"大多数"，但当它与主谓项结合后却表示了不同的概念，所反映的对象是不同的（外延不同）。前一个推理之所以正确，是因为它遵守了这条规则，后一个推理之所以错误，是因为它违反了这条规则。

众所周知，"老虎"这个概念在自然语言中已经有了确定的含义，指的是一种凶猛的动物，从语词上说，这是一种动物的专有名称，其中的"老"并不反映生理属性，即不表示年龄大；而在"老动物"中的"老"，反映的是生理属性，即表示年龄大。可见，这个推理是利用了不同的语境偷换了概念的诡辩推理。

268．你的话说错了

一个缺乏逻辑知识的人恐怕不容易搞清楚，甚至会认为小刘的话说错了，小王的反驳是对的。但是如果我们掌握了有关的逻辑知识，这个问题并不难解决。形式逻辑关于模态判断之间真假关系的知识告诉我们，"这件事可能是小李干的"与"这件事确实不是小李干的"，二者之间是个反对关系：不能同假可以同真，即当后者真时，前者真假不定，因而不能用后者去否定前者。

也就是说，虽然事实已经证明"这件事不是小李干的"，但它还不能证明"小李不可能干这件事"。既然"这件事不可能是小李干的"的真实性尚未得到证明，就不能用它作为论据去否定"这件事可能是小李干的"。可见,小王对小刘的反驳,其诡辩性质是犯了"预期理由"的错误。

269. 忽略的细节

最后,专家揭晓了答案:"同学们,你们确实仔细思考了,找出了这个故事中不合理的细节,并且可以认真分析,在某种程度上来说,你们是优秀的。但是你们却有一个最大败笔,这是作为一名合格的刑侦人员的必备素质,那就是你们都忽略了最初的目标,也是一个十分重要的问题,那就是——一开始的那只土拨鼠去哪里了?"

270. Yes or No

你可以问他们 Yes 是表示"是的"的意思吗?

271. 他说实话了吗

葬礼不可能提前 15 天知道。

272. 报警电话

陈婧在打电话时做了点手脚。在通话时,她一讲到无关紧要的话,就用手指按紧话筒,不让对方听到,而讲到关键的话时,就松开手。

这样,家人就收到了这么一段"间歇式"的报警电话:"我是陈婧……现在……香格里拉大酒店……和坏人……在一起……请您……快……赶来……"

273. 有罪的证明

这句话是不对的,打开了,并不能证明它一定是他的;但是如果不能打开,那就证明一定不是他的。

274. 巧取约会

第一个问题是:如果下一个问题是你是否愿意和我一起吃饭,你的答案是否和这个问题一样?第二个问题是:你是否愿意和我一起吃饭?

如果女孩子的第一个问题的答案是"是",那第二个问题就必须要答"是",就能约到她吃饭。如果女孩子的第一个问题的答案是"不是",那她第二个问题也必须要答"是"。所以总能约到她吃饭的。

当然答案并不唯一,发挥你的聪明才智再想想吧。

275. 向双胞胎问话

只要问:"如果我问另一个人这样的问题:'你父母在家吗?'他会怎么说?"相反的答案就是正确答案。

276. 是不是

(1)

"是'不是'?"

"不，是'是'。"
"不是'不是'，是不是？"
"是。"
或者：
"是不是？"
"不是。"
"是不是？！"
"不是……"
"是不是！！"
"是……"
(2)
"是'是'，不是'不是'。"
"不是'是'，是'不是'！"
"不，是'是'！"
(3)
"不是'是'。"
"不，是'是'。"
"不是'是'，是'不是'！是不是？！"
"不，是'是'。"

277．统计员的难题

史密斯的妻子用来堵住他的口的那个问题是这样的："好，汤姆，假定当我们第一次见面的时候你的年龄是我的 3 倍，而现在我刚好是你那个时候的年龄，并且当我的年龄是现在的 3 倍时，我们的年龄加起来恰好是 100 岁，你能说出下一次 2 月 29 日时你有多大岁数吗？"

278．糊涂账

在这笔糊涂账中，关键在于第 1 次的 1 元钱已经"变"成了面条，不能再算了。吝啬的人还应该再付 1 元钱。

279．免费的午餐

"麻婆豆腐我没吃，给退了，付什么钱呢？"这句话错了，因为猴子用麻婆豆腐换了蘑菇炖面，而不是退了。

280．轮流猜花色

不可能，最多到第五个人就能推测出主持人最近一次拿走的花色。

要想让第一个人推测不出来的话，桌上至少要有 1 张黑桃、2 张红桃、3 张方块才行，不然比如桌上没有黑桃的话，就说明 2 张黑桃是一开始没被主持人放到桌上的，1 张黑桃是被主持人拿走的。

满足"至少1张黑桃、2张红桃、3张方块"的情况有以下几种，主持人只要让桌上剩下的花色组合是下面的一种就可以了。

主持人让第一个人看到的花色组合：1黑3红5方；1黑4红4方；2黑2红5方；2黑3红4方；2黑4红3方；3黑2红4方；3黑3红3方。第一个人推测不出后，主持人继续拿走一张牌，并请第二个人转过身来。

别忘了这些都是很聪明的人，所以当第一个人推测不出的时候，第二个人就知道第一个人看到的花色组合肯定是上面的那几种可能之一。如果第二个人看到剩下的牌是3红5方，他就推测出第一个人看到的是1黑3红5方，主持人上次拿走的是黑桃。

所以主持人拿第二张牌的时候也要考虑这一点，比如他可以留下1黑2红5方，这样第二个人就只能推出是从1黑3红5方中拿走了一张红桃或者是从2黑2红5方中拿走了一张方块。

通过组合，主持人的选择有以下几种。主持人让第二个人看到的花色组合：1黑2红5方；1黑3红4方；1黑4红3方；2黑2红4方；2黑3红3方；3黑2红3方。

同样的道理，主持人让第三个人看到的花色组合：1黑2红4方；1黑3红3方；2黑2红3方。

而主持人能让第四个人看到的花色组合就只有一种了：1黑2红3方。

这样到第五个人的时候，无论上次主持人拿走了什么花色，他都能马上推测出来。

281．帽子的颜色

假设1：如果C看到A、B戴的都是白色帽子，那么就不用想了，他戴的肯定是红色帽子，但是大家要注意的是，他是听了A、B的答案后才回答的，所以他不可能看到两个白色帽子。假设1被排除。

假设2：如果C看到1红1白，如果他头上戴的是白色帽子，那么一共2顶白色帽子，A和B肯定有一人能答出正确答案了，所以C能确定他头上戴的是红色的。

假设3：如果C看到2顶红色帽子，那么他一样可以确定他头上戴的不是白色帽子，因为如果是，那么A回答完"不知道"后，B就可以答出自己的帽子是红色的，因为假设中已经提到A是红色的，C是白色的，排除了其他可能。

所以综合三个假设可以得出，C戴的帽子肯定是红色的。

282．选择接班人

既然商人戴了红色帽子，如果自己也戴的是红色帽子，B就马上可以猜到自己戴的是黑色帽子（因为红帽子只有2顶）；既然B没说，那就是说自己戴的是黑色帽子。

B也是一样的，但是B没说，可见，B的反应太慢了。结果A做了接班人。

283．猜帽子

学生甲、乙、丙三个人头上戴的都是白色帽子，即甲、乙、丙睁开眼睛时看到另外两个人头上戴着的是白色帽子，因为有三顶白色帽子、两顶红色帽子，他们无法看到自己头上会戴着什么帽子。

我们以甲为中心来进行推论。

甲想：假设我头上戴的是红色帽子，那么乙会如此推测："甲头上戴的是红色帽子，如果我头上戴的也是红色帽子，那么丙立刻会说出他头上戴的是白色帽子。现在丙没有说他戴的是白色帽子，则说明我头上戴的不是红色帽子，即我头上戴的是白色帽子。"

那么乙很快就会说出他戴的是白色帽子。但是乙并没有说，说明甲头上戴的不是红色帽子。

乙、丙的想法与甲相同，所以最终的结果是3个人异口同声地说："我头上戴的是白色帽子。"

284．谁能猜出来

第10个人开始说："不知道自己头上的帽子的颜色。"这说明前面的9个人中有人戴黄帽子，否则，他马上可以知道自己头上是黄帽子了。

第9个人知道了9个人中有人戴黄色帽子，但不能断定自己帽子的颜色，这说明他看到前面的8个人中有人戴黄色帽子。

以此类推，每个人都不知道自己帽子的颜色，说明每个人前面都有人戴黄色帽子。

所以，第一个人断定自己戴的是黄色帽子。

285．不同部落间的通婚

A：妻子，诚实部落，阿尔法，部落号为66；

B：丈夫，说谎部落，伽马，部落号为44；

C：儿子，贝塔，部落号为54。

首先确认A是丈夫还是妻子，是诚实还是说谎。

从A讲的话入手，组合方案有诚实丈夫、说谎丈夫、诚实妻子、说谎妻子和儿子。

如果A为诚实丈夫，C的2、4句话不符合条件。

如果A为说谎丈夫，B的1、3句话不符合条件。

如果A为诚实妻子，B的1、3句话不符合条件。

如为儿子，A的2、3句话不符合条件。

（这里的不符合条件指确定的不符合真假话条件。）

所以A只能是诚实妻子。

这样就可以得出结论了。

286．谁被释放了

把三个人标记成A、B、C。当A看到另外两个人戴的都是黑色帽子的时候，A会想到如果自己戴的是白色帽子，而另一个犯人B就会看到一顶白色的和一顶黑色的帽子，而犯人B就会想：如果自己戴的是白色帽子，那么C就会看到两个戴白色帽子的，那么他就会出去，但是C没有出去，也就是说他没有看到两顶白色帽子，那么自己头上戴的一定是黑色帽子，这样一来B就会被放出来，但是B没有出去。同理C也是这样，所以A可以断定自己戴的是黑色帽子。

287. 红色的还是白色的

当局外人未宣布"至少一个人戴的是红色帽子"时，这个事实其实每个人都知道了，因为每个人看到其他3个人的帽子都是红色的，但每个人都不知道其他人是否知道这个事实，即这个事实没有成为公共知识。而当这个局外人宣布了之后，"至少一个人戴的帽子是红色的"便成了公共知识。此时不仅每个人都知道"至少一个人戴的帽子是红色的"，每个人还知道其他人知道他知道这个事实……

局外人第一次问时，由于每个人面对的其他3个人都是戴的红色的帽子，每个人当然不能肯定自己头上的帽子是什么颜色，于是均回答"不知道"。此时，如果只有1个人戴红色的帽子，那么这个人因面对3个白色的帽子，他肯定知道自己的帽子颜色。因此，当4个人均回答"不知道"时意味着"至少有2人戴的是红色的帽子"，而且这也是公共知识。

当局外人第二次问时，如果只有2人戴的是红色的帽子，这2人就会回答说"知道"——因为他们各自面对的是1个戴红色帽子的人。由于每个人面对的是不止一个戴红色帽子的人，因此当局外人第二次问时，他们只能回答"不知道"。此时的"不知道"，意味着"至少3个人戴红色的帽子"，并且它已成为公共知识。

同样，局外人第三次问时，他们均回答"不知道"，意味着4个人均戴的是红色的帽子。因此，当局外人第四次问时，他们就知道每个人头上均戴的是红色的帽子，于是，他们回答"知道"。

在这个过程中，当局外人首先宣布"其中至少一个人戴的帽子是红色的"，以及第二、第三、第四次回答的时候，无论是回答"知道"还是"不知道"——它们构成了公共知识——构成所有人推理的前提，在这个过程中，每个人均在推理。这就是"帽子的颜色问题"。

288. 大赛的冠军

他是这样推论的：设另外两个人分别为甲和乙。

甲举手了，这说明我和乙两人中，至少有一个人是戴红色帽子的。

同样，乙举手了，这说明我和甲两人中，至少有一个人是戴红色帽子的。

如果我头上戴的不是红色帽子，那么，乙一定会想："甲举了手，说明乙和我至少有一个人头上戴的是红色帽子，现在，乙明明看到我戴的不是红色帽子。所以，乙一定戴的是红色帽子。"在这种情况下，乙一定会知道并说出自己戴的是红色帽子。可是，他并没有说自己戴红色帽子。可见，我头上戴的是红色帽子。

同理：如果我戴的不是红色帽子，甲的想法也会和乙一样："乙举了手，这说明甲和我两人中至少有一个人头上戴红色帽子。现在，甲明明看到我头上不戴红色帽子。所以，甲一定戴红色帽子。"在这种情况下，甲一定会知道自己戴红色帽子，可是，甲并没有这样说。所以，我头上戴的是红色帽子。

289. 猜帽子上的数字

策略存在，100个人从0到99编号，每个人把看到的其他99个人帽子上的数字加起来，取和的末两位数字，再用自己的编号减去这个数字，就是他要说的数字（如果差是负数，就加上100）。

证明：假设所有人帽子上数字的和的末两位是 S，编号 n 的人帽子上数字是 X_n，他看到的其他人帽子上数字和的末两位是 Y_n，则有 $X_n=S-Y_n$（如果差是负数，就加上 100）。每个人说的数字是 $Z_n=n-Y_n$（如果差是负数，就加上 100），因为 S 是 0～99 的一个不变的数字，所以编号 $n=S$ 的那个人说的数字 $Z_S=S-Y_S=X_S$，即他说的数字等于他帽子上的数字。

290．各是什么数字

每个人都知道自己的数或为另外两人的和，或为两人的差。

第一轮 A 回答不知道，可以得出什么结论呢？

来个逆向思维，考虑什么情况下 A 可以知道自己头上的数。只有一种可能，那就是 B=C。因为此时 B−C=0，这时 A 知道自己头上的数一定为 B+C。

所以从 A 回答不知道可以推论出 B ≠ C。

B 回答不知道，说明什么呢？

还是逆向思维，考虑什么情况下 B 可以知道自己头上的数。和 A 一样，当 A=C 时，B 可以知道。

但除此之外，B 从 A 回答不知道还可以推论出自己头上的数字与 C 头上的不相等，于是当 A=2C 时，B 也可以推论出自己头上的数字为 A+C，因为此时 A−C=C，而 B 是知道自己头上的数字与 C 不相等的。

所以从 B 回答不知道可以推论出 A ≠ C，A ≠ 2C。

C 回答不知道，由上面类似的分析可以推论出 A ≠ B，B ≠ 2A，

此外还可以推出 B−A ≠ A/2，即 B ≠ 3A/2，和 A ≠ 2B。

最后 A 回答自己头上的数字是 20。

那么什么情况下 A 可以知道自己头上的数字呢？有以下几种情况：

（1）C=2B，此时 A 知道自己头上的数字不可能是 C−B=B，而只能是 C+B=3B。但 20 不能被 3 整除，所以排除了这种情况；

（2）B=2C 与上面类似，被排除；

（3）C=3B/2，此时 A 知道自己头上的数字不可能是 C−B=B/2，因而只能是 A=B+C=5B/2=20，B=8，而 C=3B/2=12；

（4）C=5B/3，此时 A 知道自己头上的数字不可能是 C−B=2B/3。只可能是 8B/3，但求出 B 不是整数，所以排除；

（5）C=3B，此时 A 知道自己头上的数字不可能是 C−B=2B，只可能是 4B，推出 B=5，C=15；

（6）B=3C，此时 A 知道自己头上的数字不可能是 B−C=2C，只可能是 B+C=4C，推出 B=15，C=5。

所以答案有 3 个，B=8、C=12，B=5、C=15 和 B=15、C=5。

291．纸条上的数字

两人手中纸条上的数字都是 4。两个自然数的积为 8 或 16 时，这两个自然数只能为 1、

2、4、8、16。可能的组合为：1×8，1×16，2×4，2×8，4×4。

当皮皮第一次说推不出来时，说明皮皮手中的数字不是16，如是16，他马上可知琪琪手中的数字是1，因为只有16×1才能满足条件，他猜不出来，说明他手中不是16，他手中的数可能为1、2、4、8。同理，当琪琪第一次说推不出时，说明她手中的数不是16，也不是1，如是1，她马上可知皮皮手中的数为8，因前面已排除了16，只有8×1=8能符合条件了，她手中的数可能为2、4、8。

皮皮第二次说推不出，说明他手中的数不是1或8，如是1，他能推出琪琪手中的数是8；同理，如果是8，能推出琪琪手中的数是2，这样皮皮手中的数只能为2或4。琪琪第二次说推不出时，说明琪琪手中的数只可能为4，只有为4时才不能确定皮皮手中的数，如是2，她可推出皮皮的数只能为4，因为只有2×4=8符合条件；如果是8，皮皮手中的数只能为2，因只有8×2=16符合条件。

因此第三轮时，皮皮能推出琪琪手中纸条上的数字是4。

292．纸片游戏

第一次，S说不知道，说明P肯定不是1；P也说不知道，说明S不是2。为什么？因为如果P是1，S马上就知道自己是2了。他说不知道，P就知道自己肯定不是1，如果这个时候S是2，P就能肯定自己应该是3了，所以S不是2。

第二次，S说不知道，说明P不是3，因为前一次S说不知道，P知道自己肯定不是2；如果S是3，P马上就知道自己是4了，所以S不是3。而P又说不知道，说明S不是4，因为S从P又说不知道，得知自己不是3；如果S是4，P马上就能知道自己应该是5了，所以S也不是4。

第三次，S又说不知道，说明P不是5。因为第二次最后P说不知道，S就知道自己不是4了。如果P是5，S马上知道自己是6；同样，S不是6，因为P从S说不知道，得知自己不是5。如果S是6，P就马上知道自己应该是7了，所以P还是不知道。最后，S说他知道了！因为他从P不知道中得知自己不是6，而他看到P头上的号码是7，他就知道自己是8了。所以他知道了，而P听到S说知道了，就判断出S是8了，所以P马上知道自己是7。

293．贴纸条猜数字

答案是36和108。

首先说出此数的人应该是两数之和的人，因为另外两个加数的人所获得的信息应该是均等的，在同等条件下，若一个推不出，另一个也应该推不出（当然，这里只是说这种可能性比较大，因为毕竟还有个回答的先后次序，在一定程度上存在信息不平衡）。

另外，只有在第三个人看到另外两个人的数一样时，才可以立刻说出自己的数。

以上两点是根据题意可以推出的已知条件。

如果只问了一轮，第三个人就说出144，那么根据推理，可以很容易得出另外两个是48和96，怎样才能让老师问了两轮才得出答案，这就需要进一步考虑。A：36（36/152）；B：108（108/180）；C：144（144/72）。

括号内是该同学看到另外两个数后，猜测自己头上可能出现的数。现推理如下。

A、B 先说不知道，理所当然，C 在说不知道的情况下，可以假设如果自己是 72，B 在已知 36 和 72 的条件下，会这样推理——"我的数应该是 36 或 108，但如果是 36，C 应该可以立刻说出自己的数，而 C 并没说，所以应该是 108！"然而，在下一轮，B 还是不知道，所以，C 可以判断出自己的假设是错的，自己的数只能是 144。

294．猜扑克牌

这张牌是方块 5。

Q 先生的推理过程是：

P 先生知道这张牌的点数，而判断不出这是张什么牌，显然这张牌的点数不可能是 J、8、2、7、3、K、6，因为 J、8、2、7、3、K、6 这 7 种点数的牌，在 16 张扑克牌中都只有一张。如果这张牌的点数是以上 7 种点数中的一种，那么，具有足够推理能力的 P 先生立即就可以断定这是张什么牌了。例如，如果教授告诉 P 先生：这张牌的点数是 J，那么，P 先生马上就知道这张牌是黑桃 J 了。由此可知，这张牌的点数只能是 4 或 5 或 A 或 Q。

接下来，P 先生分析了 Q 先生所说的"我知道你不知道这张牌"这句话。

Q 先生知道这张牌的花色，同时又作出"我知道你不知道这张牌"的断定，显然这张牌不可能是黑桃和草花。为什么？因为如果这张牌是黑桃或草花，Q 先生就不会作出"我知道你不知道这张牌"的断定。

P 先生是这样分析的：如果这张牌是黑桃，而且如果这张牌的点数是 J、8、2、7、3，P 先生是能够知道是张什么牌的；假设这张牌是草花，同理，Q 先生也不能作出这样的断定，因为假如点数为 K、6 时，P 先生能马上知道这张牌是什么牌，在这种情况下，Q 先生当然也不能作出"我知道你不知道这张牌"的断定。因此，P 先生从这里可以推知这张牌的花色或者是红桃，或者是方块。

而具有足够推理能力的 P 先生听到 Q 先生的这句话，当然也能够和 Q 先生得出同样的结论。这就是说，Q 先生的"我知道你不知道这张牌"这一断定，在客观上已经把这张牌的花色暗示给 P 先生了。

得到 Q 先生的暗示，P 先生作出"现在我知道这张牌了"的结论。从这个结论中，具有足够推理能力的 Q 先生必然能推知这张牌肯定不是 A。为什么？Q 先生这样想：如果是 A，仅仅知道点数和花色范围（红桃、方块）的 P 先生还不能作出"现在我知道这张牌了"的结论，因为它可能是红桃 A，也可能是方块 A。既然 P 先生说"现在我知道这张牌了"，可见，这张牌不可能是 A。排除 A 之后，这张牌只有 3 种可能：红桃 Q、红桃 4、方块 5。这样一来范围就很小了。P 先生这一断定，当然把这些信息暗示给了 Q 先生。

得到 P 先生第二次提供的暗示之后，Q 先生作了"我也知道了"的结论。从 Q 先生的结论中，P 先生推知，这张牌一定是方块 5。为什么？P 先生可以用一个非常简单的反证法论证。因为如果不是方块 5，Q 先生是不可能作出"我也知道了"的结论的（因为红桃有两张，仅仅知道花色的 Q 先生，不能确定是红桃 Q 还是红桃 4）。现在 Q 先生作出了"我也知道了"的结论，这张牌当然是方块 5。

答　案

295．张老师的生日

由 10 组数据 3 月 4 日、3 月 5 日、3 月 8 日、6 月 4 日、6 月 7 日、9 月 1 日、9 月 5 日、12 月 1 日、12 月 2 日、12 月 8 日可知：4 日、8 日、5 日、1 日分别有两组，2 日和 7 日只有一组。如果生日是 6 月 7 日或 12 月 2 日，小强一定知道（例如：老师告诉小强 $N = 7$，则小强就知道生日一定为 6 月 7 日；如果老师告诉小强 $N = 4$，则生日是 3 月 4 日还是 6 月 4 日，小强就无法确定了），所以首先排除了 6 月 7 日和 12 月 2 日。

（1）小明说："如果我不知道，小强肯定也不知道。"——老师告诉小明的是月份 M 值。若 $M = 6$ 或 12，则小强有可能知道（6 月 7 日或 12 月 2 日），这与"小强肯定也不知道"相矛盾，所以不可能为 6 月和 12 月，从而老师的生日只可能是 3 月 4 日、3 月 5 日、3 月 8 日、9 月 1 日、9 月 5 日。

（2）小强说："本来我也不知道，但是现在我知道了。"——若老师告诉小强 $N = 5$，那么小强无法知道是 3 月 5 日还是 9 月 5 日，这与"现在我知道了"相矛盾，所以 N 不等于 5，则生日只能为 3 月 4 日、3 月 8 日、9 月 1 日。

（3）小明说："哦，那我也知道了！"——若老师告诉小明 $M = 3$，则小明就不知道是 3 月 4 日还是 3 月 8 日，这与"那我也知道了"相矛盾，所以 M 不等于 3，即生日不是 3 月 4 日、3 月 8 日。

综上所述，老师的生日只能是 9 月 1 日。

296．找零件

对于徒弟小王来说，在什么条件下，才会说"我不知道是哪个零件？"显然，这个零件不可能是 12∶30、14∶40、18∶40。因为这三种长度的零件都只有一个，如果长度是 12、14、18，那么知道长度的徒弟小王就会立刻说自己知道。

同样的道理，对于徒弟小李来说，在什么条件下，才会说"我也不知道是哪个"。显然，这个零件不可能是 8∶10、8∶20、10∶25、10∶35、16∶45，因为这五种直径的零件也是各有一个。

这样，我们可以从 11 个零件中排除 8 个，剩下以下三种可能性：10∶30、16∶30、16∶40。

下面，可以根据徒弟小王所说的"现在我知道了"这句话来推理。如果这个零件是 16∶30 或 16∶40，那么仅仅知道长度的徒弟小王是不能断定是哪个零件的，然而，徒弟小王却知道了是哪个，所以，这个零件一定是 10∶30 这一个。

297．水平思考

从父母带孩子转向孩子带父母，这样就把问题解决了。5 岁的孩子说："这个房子我租了。我没有孩子，只带来两个大人。"房东听了哈哈大笑，就把房子租给他们了。

298．看电影

从孩子带父母转向父母带孩子就行了。父亲说："你好，我带了两个 20 多岁的孩子来看电影。"售票员听了哈哈大笑，这符合了电影院的规定，就把票卖给他们了。

299．我问你猜（1）

撒哈拉沙漠。

300．我问你猜（2）

《封神演义》。

301．我问你猜（3）

徐志摩。

302．左读右读

男孩要买的是蜂蜜，女孩要买的是牛奶。

303．诗句重排

老师把诗句改为：
独上江楼思渺然，风景依稀似去年；
同来望月人何处？月光如水水如天。

304．苏小妹试夫

诗句为：久慕秦郎假乱真，假乱真时又逢春。时又逢春花含玉，春花含玉久慕秦。

305．巧读诗句

有五种读法。
（1）秋月曲如钩，如钩上画楼。画楼帘半卷，半卷一痕秋。
（2）月曲如钩，钩上画楼。楼帘半卷，卷一痕秋。
（3）月，曲如钩，上画楼。上画楼，帘半卷。帘半卷，一痕秋。
（4）秋，月曲如钩上画楼。帘半卷，一痕秋。
（5）秋痕一卷半帘楼，卷半帘楼画上钩，楼画上钩如曲月——秋。

306．讽刺官员

上联缺个"八"下联少个"耻"，意思就是"王（忘）八无耻"。

307．牌子上的规定

因为上面没有加标点，他将其断句为："行路人，等不得，在此大小便。"
经这样标点之后，意思就完全变了。根据这个判句，凡行路的人，只要憋不住了，就可以在此大小便。

308．加标点（1）

穷人：无米面也可，无鸡鸭也可，无鱼肉也可，无银钱也可。
富人：无米，面也可；无鸡，鸭也可；无鱼，肉也可；无银，钱也可。

答 案

309．加标点（2）
知止而后有定，定而后能静，静而后能安，安而后能虑，虑而后能得。

310．加标点（3）
一"不"出头，二"不"出头，三"不"出头，不是不出头，是"不"出头。

"不"字出头，就是个"木"字，三个"不"出头，谜底是"森"。

311．郑板桥断案
郑板桥读的是："七十老翁产一子，人曰非，是也。家产尽付与，女婿外人不得干预。"

312．阿凡提点标点
养猪大似象耗子，已死完；酿酒缸刚好做醋，坛坛酸。

313．巧加标点
对联成了：养猪大如山老鼠，只只死；儿媳子孙多病痛，全绝根。

314．添加标点（1）
父母大人拜上：新年好，晦气全无，人丁兴旺，读书少不得，五谷丰登。

315．智改电文
李根源先生只是把蒋介石回的两句电文颠倒了一下，这样就使电文的意思变成了"罪无可恕，情有可原"八个字。这样大特务沈醉和他的手下还以为这是蒋介石的命令，自然也就不会再迫害那些爱国民主人士了。

316．填字
一不要钱，嫌少；

二不要命，嫌老；

三不要名，怕臭；

四不要官，太小。

317．被篡改的对联
父进土，子进土，父子都进土；

妻失夫，媳失夫，妻媳同失夫。

318．贺寿对联
上联缺了个"六"下联缺了个"九"，"六"与"肉"谐音，"九"与"酒"谐音，指缺酒少肉。而横批则是"吝啬"二字。

319．选官
三个人的谜底都是一个字：用。

320．巧写奏折

因为伍佰村是当地的一个被淹的村子的名字，一万家则是被漂走的一家酒店的名字。

321．添加标点（2）

黄河远上，白云一片，孤城万仞山；
羌笛何须怨，杨柳春风，不度玉门关。

322．写春联

此地安，能居住；其人好，不悲伤。
明日逢春好，不晦气；终年倒运少，有余财。

323．对对联（2）

纪晓岚的下联为：水上一鸥游。

324．绝对

女卑为婢女又可为奴。

325．解梦

秀才的第一个梦是梦到墙头上长了一些草，说明会高中；第二个梦是梦到自己下雨天戴着斗笠还打着伞，说明双保险。这还不是好兆头吗？

326．拆字联

切瓜分客，横七刀，竖八刀。

327．一副对联

花甲是 60 岁，重开也就是两个花甲，即 120 岁，又加三七岁月，就是再加上 21 岁，即 120+21=141 岁。古稀为 70 岁，双庆也是两个古稀，即 140 岁，更多一度春秋，就是再加 1 岁，也是 141 岁。所以说这位老寿星的年龄是 141 岁。

328．奇怪的对联

上联：Chang Zhang Chang Zhang Chang Chang Zhang，
下联：Zhang Chang Zhang Chang Zhang Zhang Chang。
横批：Chang Zhang Zhang Chang。
主人家是想让豆芽要常长常长，生长不止，越长越长，越来越长。

329．老师的婚礼（1）

第一个括号内填"三角"，第二个括号内填"几何"。

330．老师的婚礼（2）

第一个括号内填"几何曲线"，第二个括号内填"小数循环"。

答　案

331．老师的婚礼（3）

上联填入"圆"，下联填入"电"。

332．纪晓岚题诗

后两句写的是："食尽皇家千钟禄，凤凰何少尔何多？"

333．保守秘密

罗斯福笑着说："那么，我也能。"

334．不同的读法

那个邻居读成："今年好晦气，少不得打官司。"

335．密电

取电文每个字的上半部分连成一句话："五人八日去九龙取金。"

336．截获密电

"朝"并不是人名，而是指早晨；而且把"朝"字拆开就是"十月十日"，这就是交易日期。

337．取货地点

毒品就藏在下午四点时太阳照射松树顶端留下的影子处。

338．破解短信

把短信每两个字拼成一个字，就可以组成下面的一句话："静佳楼玖號（9号）取物。"玖为数字9的中文大写，號是"号"的繁体。

339．动物密码

股票。

340．密码破解

所谓无须惊叹就是去掉！
所谓身无分文就是去掉$
所谓消失的第100个足迹就是去掉%
此时得到 *^#*^*^@&（#&*
所谓蓦然回首就是把这些倒过来
得到 *&#（&@^*^*#^*
所谓就在脚下就是看键盘，在这些键的下面，找到对应的字母即可。
Kudoushinichi
工藤新一。

341．吝啬鬼请客

他对吝啬鬼说："你别小看这盘炒竹片，如果你早来3个月，这就是一盘炒竹笋。"

342．预言

"你正在阅读这本书。"

343．奸商

他说："你把这个条幅的字念反了，我写的是'色褪不保'。已经事先声明了，所以不能退货。"

344．巧解尴尬

他说："不错，我出身贵族，你出身工人，这么说，咱俩都当叛徒了！"

345．死里逃生

他说："我刚才去投河时，遇到了屈原，他说当年他投河是遇到了昏君，不得不死，而你遇到的皇帝如此圣明，你怎么能死呢？"

346．巧做应答

他说："你们美国人走路抬头挺胸，是因为你走的是下坡路；而我们中国人走路弯腰，是因为我们走的是上坡路。"

347．聪明的长工

长工说："我小的时候，我爷爷跟我说，你欠我们家1000两银子，这件事你应该听说过吧。"

第六部分　实话与谎话

348．说谎国与老实国

其实只要看丙说的话和"只有一个老实人"这一条件就可以得出答案了。因为不管是老实人还是说谎的人，被人问起，必然回答自己是老实国的人，即丙的话是如实反映乙的话，则丙必为老实国人。另外两个都是说谎国的人。

349．精灵的语言

(1) 向A问第一个问题。

如果我问你以下两个问题："Da表示'对'吗"和"如果我问你以下两个问题：'你说真话吗'和'B随机答话吗'，你的回答是一样的，对吗"，你的回答是一样的，对吗？

如果A说真话或说假话并且回答是Da，那么B是随机答话的，从而C是说真话或说假话；

如果A是说真话或说假话并且回答是Ja，那么B不是随机答话的，从而B是说真话或说假话；

如果 A 是随机答话的，那么 B 和 C 都不是随机答话的！

所以无论 A 是谁，如果他的答案是 Da，C 说真话或说假话；如果他的答案是 Ja，B 说真话或说假话。

不妨设 B 是说真话或说假话。

(2) 向 B 问第二个问题。

如果我问你以下两个问题："Da 表示'对'吗"和"罗马在意大利吗"，你的回答是一样的，对吗？

如果 B 是说真话的，他会回答 Da；如果 B 是说假话的，他会回答 Ja。从而我们可以确认 B 是说真话的还是说假话的。

(3) 向 B 问第三个问题。

如果我问你以下两个问题："Da 表示'对'吗"和"A 是随机回答吗"，你的回答是一样的，对吗？

假设 B 是说真话的，如果他的回答是 Da，那么 A 是随机回答的，从而 C 是说假话的；如果他的回答是 Ja，那么 C 是随机回答的，从而 A 是说假话的。

假设 B 是说假话的，如果他的回答是 Da，那么 A 是不是随机回答的，从而 C 是随机回答，A 是说真话的；如果他的回答是 Ja，那么 A 是随机回答的，从而 C 是说真话的。

350．天堂和地狱

随便问一个人："如果我问另一个人这样的问题：'去天堂应该走哪条路？'他会指给我哪条路？"然后根据他的答案走相反的那条路就可以到达了。或者指着其中的一条路问其中的一个："你认为另外一个人会说这是通往天堂的路吗？"由于他们的回答必须糅合自己的和另外一个人的观点，所以他们的答案是一样的，并且都是错误的。如果你指的正好是去天堂的路，那么他们都会回答"不是"；如果是去地狱的路，他们都回答"是"。

当然，还有类似的其他问法。

351．问路

走第三条路。

如果第一个路口的人说的是真话，那么它就是出口，即第二个路口的人说的话也是正确的，这和只有一句话是真话相矛盾。

如果第一个路口的人说的是假话，第二个路口的人说的话是真的，那么它们都不是下山的路，所以正确的路就是第三条。

352．回答的话

被问者只能有两种回答，"有"或者"没有"。如果被问者回答的是"有"，那么路人不能根据这句话判断他们中是否有诚实部落的人。如果答案是"没有"，则说明被问者是说谎部落的人，而另一个就是诚实部落的人，因为被问者不会在自己是诚实部落的人的情况下回答"没有"的。因此路人得出了判断，所以被问者回答的就是"没有"。

353．爱撒谎的孩子

如果第二天说的是真话，那么第一天和第三天的也都是真话了，相互矛盾，所以第二天肯定是谎话。

如果第一天说的是谎话，那么星期一和星期二两天里必然有一天是说真话的；同理，如果第三天说的是谎话，星期三和星期五两天里也必然有一天说真话。这样，第一天和第三天的两句话不可能都是谎话，说真话的那一天是第一天或第三天。

假设第一天是真话，因为第三天说的是谎话，所以第一天是星期三或星期五，第二天是星期四或星期六，这样就使得第二天说的也是真话了，相互矛盾。

所以第一天和第二天是谎话，第三天是真话。因为第一天说的是谎话，所以说真话的第三天是星期一或星期二，又因为第二天不能是星期日，所以第三天只能是星期二，也就是第一天是星期日，第二天是星期一，第三天是星期二，他在星期二说真话。

354．是人还是妖怪

第一个问题：你神志清醒吗？回答"是"就是人，回答"不是"就是妖怪。

或者问：你神经错乱吗？回答"不是"就是人，回答"是"就是妖怪。

第二个问题：你是妖怪吗？回答"是"就是神经错乱的，回答"不是"就是神志清醒的。

或者问：你是人吗？回答"是"就是神志清醒的，回答"不是"就是神经错乱的。

355．今天星期几（2）

设这两个人分别为 A、B，分为以下四种情况讨论。

（1）A、B 说的都是真话。A、B 在同一天说真话只能在星期日，但是星期日 B 成立，A 不成立，所以这种情况不可能。

（2）A、B 说的都是谎话。但是在一周内 A、B 不可能同一天说谎话。所以这种情况不可能。

（3）A 说的是真话，B 说的是谎话。A 在每周二、四、六、日说真话，B 在每周二、四、六说谎话。A 只有在周日说真话时，前天（周五）才是他说谎话的日子，但是这天 B 应该说真话，所以这种情况不可能。

（4）A 说的是谎话，B 说的是真话。A 在每周一、三、五说谎话，B 在每周一、三、五、日说真话。在周三、五、日都不符合，因为在周三时 B 在说真话，而周三的前天（周一）A 在说真话，但是 B 对外地人用真话说自己周一说谎话，相互矛盾。同理，周五也矛盾，所以只有周一符合。周一时，B 用真话对探险家说自己前天（周六）说谎话，周六时 B 的确说的谎话。A 用谎话对探险家说自己前天（周六）说谎话，其实周六时 A 在说真话，这时正是 A 在用谎话骗探险家说自己前天说谎话。

综上所述，这一天只能是周一。

356．真话和谎话

假如小江的话是真的，那么小华的话就是假的；同理，如果小江的话是假的，那么小华的话就是真话。据此推测，小江和小华之间必定有 1 人在撒谎。以此类推，5 人中应该有 3 人在撒谎。

357．谁扔的垃圾

是 C 扔的垃圾，只有 D 说了实话。

358．该释放了谁

一人，仅释放了 D，其余全说了谎。

359．寻找八路军

第 1999 人。

360．假话与真话

第一个题目选 B，第二个选 A。用假设法即可得出答案。

361．四个人的口供

分别假设作案者是其中一人，作出推论，看是否符合要求即可。

如果作案者是甲，那么乙、丙、丁说的都对。

如果作案者是乙，那么甲、丙、丁说的都对。

如果作案者是丙，那么只有丁说的对，符合要求。

如果作案者是丁，那么丙、丁说的都对。

所以作案者是丙，丁说的是真话。

362．谁偷吃了蛋糕（1）

C 说谎，A 和 C 都吃了一部分。因为如果 A 说谎，则 B 也说谎；若 B 说谎，则 A 也说谎。所以只能是 C 说谎。既然 C 是在说谎，那么只有 A 和 C 都吃了，才能成立。

363．谁偷吃了蛋糕（2）

是小儿子偷吃的。

具体推理如下：

（1）如果大儿子说的是真话，是二儿子偷吃的，则二儿子说的是假话，那三儿子、小儿子说的又成了真话。有三句真话，不符合题意，所以不是二儿子偷吃的。

（2）如果二儿子说的是真话，三儿子偷吃了蛋糕，大儿子说的是假话，三儿子说的是假话，小儿子说的又成了真话。有两句真话，不符合题意，所以不是三儿子偷吃的。

（3）如果三儿子说的是真话，那么蛋糕不是三儿子偷吃的，但不一定是二儿子。

这样又可以分两种情况：

二儿子没偷吃，这样大儿子说的是假话，二儿子说的是假话，因为只有一句真话，那么小儿子说的也是假话，那就是小儿子吃的。

二儿子偷吃了是不成立的，因为这样大儿子说的就是真话了。

（4）那么只有小儿子说的是真话，大儿子说了假话，二儿子说了假话，三儿子也说了假话，而二儿子、三儿子不能同时为假，这样又有矛盾了。

因此答案是：三儿子说的是真话，三儿子和二儿子都没有偷吃，这样大儿子说的是假话，二儿子说的是假话，因为只有一句真话，那么小儿子说的也是假话，偷吃的是小儿子。

364．相互牵制的僵局

若甲是诚实的，也就是说，甲的回答是正确的，那么乙也是诚实的。因为乙回答："丙在说谎。"所以，是丙在说谎。说谎的丙说："甲在说谎。"肯定是谎话。

相反，如果甲所说的话是谎言，那么乙也在说谎。因为乙回答说："丙在说谎。"所以，丙是诚实的。诚实的丙应该回答："甲在说谎。"也就是说，无论在哪种情况下，丙都会回答："甲在说谎。"

365．寻找毒药

先确定哪个瓶子里装的是毒药。

假设甲装的是毒药，那么乙装的就不是矿泉水；根据乙和丙瓶子上的话可知，丙和丁装的也不是矿泉水，只有甲装的是矿泉水，矛盾。

假设乙装的是毒药，而甲说乙装的是矿泉水，矛盾。

假设丁装的是毒药，丙说丁装的是醋，矛盾。

所以只有一种可能，就是丙装的是毒药。从而得到答案如下。

甲瓶子：醋。

乙瓶子：矿泉水。

丙瓶子：毒药。

丁瓶子：酱油。

366．有趣的考试

蓝盒可以立即排除，因为假设红纸在它里头，它上面的两个陈述就都成了假的。

这样看来，红纸或者在红盒里或者在黄盒里。可是，红盒与黄盒上的陈述 A 是一回事，或者都真，或者都假。如果都假，相应的两个陈述 B 理应都真，但它们不可能都真，因为它们是互相矛盾的。所以，这两个陈述 A 都真，红纸是不在红盒里。这证明红纸是在黄盒里。

367．有几个天使

有 2 个天使。

假设甲是魔鬼，由此可推断她们几个都是魔鬼，那么，乙是魔鬼的同时又说了实话，存在矛盾。所以甲是天使，而且乙和丙之间至少有一个也是天使。

假设乙是天使，从她的话来看，丙就是魔鬼。假设乙是魔鬼，从她的话来看，丙就是天使了。所以，无论怎样，都会有两个天使。

答 案

368．男女朋友

因为三个人都没有说真话，所以 A 不是甲的男朋友，甲也不是 C 的女朋友，所以甲的女朋友只能是 B 了。而 C 不是丙的男朋友，那么 C 的女朋友只能是乙了。剩下的 A 只能与丙一对了。

369．盒子里的东西

C 盒子里有梨。因为 A 盒子上的话和 D 盒子是矛盾的，所以一定有一个是真的。那么 B 盒子和 C 盒子上的话都是假的，所以能断定 C 盒子里有梨。

370．比拼财产

甲、乙两人的答案不同，所以一定有一个在说谎。也就是说，丙和丁说的都是实话。所以，丙不是最富的，也就是说乙说的是假话。这样可以得到顺序为：乙、甲、丙、丁。

371．两兄弟

因为这两个小孩肯定一个哥哥、一个弟弟，而且至少有一个在说谎，那就说明两个小孩都在说谎。

所以，穿蓝衣服的是哥哥、穿红衣服的是弟弟。

372．破解僵局

因为丙说："我不是魔鬼。"所以丙就是魔鬼。甲说："我不是天使。"他只能是人。而乙是天使。所以甲是人，乙是天使，丙是魔鬼。

373．谁在说谎

假设甲说的是实话，那么乙在说谎；乙说丙在说谎，那么丙就在说实话；丙说甲乙都在说谎，就成了谎话。矛盾。

假设甲在说谎，那么乙说的是实话；乙说丙在说谎，那么丙就在说谎；丙说甲乙都在说谎，确实是谎话。成立。

所以甲和丙在说谎，而乙说了真话。

374．有没有金子

根据上几题里的原理，从 C 的陈述能推出 A 和 B 确实是同类，他俩都是君子或者都是小人，因此他俩的陈述都真或者都假。

假定 A、B 的两个陈述都真。按照 A 的陈述，村子里有偶数个小人；按照 B 的陈述，村子里的居民是偶数。偶数减偶数还是偶数，所以村子里应该有偶数个君子。可见，这种情况下这个村子里埋有金子。

反之，假设 A、B 的两个陈述都假，这意味着村子里的小人成奇数，居民总数也是奇数。

这时君子必定又成偶数，所以这个村子里还是埋有金子。

375．判断血型

4个人说的都有可能是假话，假如甲说的是假话，那么甲不是A型，乙是O型，丙是AB型，丁是A型，甲只能是B型。其他情况以此类推，都可以确定四人的血型，故选A。

376．谁通过的六级

答案A。陈述中（2）项如果为真，则（1）、（3）项必为真，这与题干"上述断定只有两个是真的"不一致，所以（2）项必为假，又因为（2）项和（4）项为矛盾命题，即"必有一真一假"，（2）项为假，则（4）项必为真。又根据题干"上述断定只有两个是真的"，（2）、（4）一假一真，所以（1）、（3）必有一真一假。显然，如果（1）真那么（3）必真，这与命题不符，所以（1）为假，（3）为真。

377．谁寄的钱

假设是赵风或者孙海寄的（2）、（3）、（6）都是错的，所以不可能是赵和孙。

所以可以知道（1）肯定是错的，（3）和（5）有一个是错的，而只有2句是错的，所以（2）和（4）肯定是对的。所以这个人就是王强了。

378．几个人说谎

有3个人说了谎话。

因为如果假设甲说的是真的，那么乙说的就是谎话；如果假设甲说谎了，那么乙说的就是真的。也就是说，甲乙两人必有一人说了谎话。同样，丙和丁也是必有一人说了谎话。戊说丙和丁都说谎了，那么戊说的一定是谎话。所以有三个人说了谎话。

379．他是清白的

因为假设那个人是君子，他说的话就是真的，偷东西的那个人应该是小人，因此那个人必定无罪；反之，假设那个人是小人，他说的话就是假的，偷东西的人应该是君子，那个人还是无罪。

380．兔妈妈分食物

假设"宝宝最爱吃的不是芹菜"为真，"贝贝最爱吃的不是面包"为假，则贝贝最爱吃的就是面包；那么，宝宝所说的"贝贝最爱吃的不是薯片"就成为真话，而"亲亲最爱吃的不是面包"为假话，推出亲亲最爱吃的是面包。这样，贝贝和亲亲都最爱吃面包，产生矛盾，因此假设错误。所以得出："宝宝最爱吃的不是芹菜"为假话，即宝宝最爱吃的是芹菜。以下推理同上，即可得出它们分别喜欢吃的食物如下。

亲亲：胡萝卜。

宝宝：芹菜。

贝贝：薯片。

答 案

381．四兄弟

说真话的（老二和老四）不可能说"我是长兄"，所以，丁的话是假的。由此可知，丁不是老大，而是老三，那么，乙就不是老三了，丙的话就是真的，丙就是老二或者老四。

假设甲说的是真话，丙和甲就是老二和老四（顺序暂时未知），乙就是老大了，则甲又在撒谎，这是相互矛盾的，所以，甲是老大。

从甲的话（假话）可知，乙是老二，丙是老四。

所以甲是老大，乙是老二，丙是老四，丁是老三。

382．班花的秘密

因为只有4个人讲了实话，可以对九个人分别判断，确定说实话的人。得出结论：说实话的人分别是丙、戊、庚、辛。

所以班花的男友是丙。

383．谁是主犯

乙是主犯。

因为甲和丁说的一致，而又只有一个人说了真话，也就是说甲和丁说的都是假话，所以丙不是主犯，只有乙是主犯了。说了真话的只有丙，其他人说的都是假话。

384．勇士救公主

第一问先假设丙是君子，他说的就是真话，他们三人里就有两个小人，只能是甲和乙。既然乙说自己不是妖怪，那么乙就是妖怪。

假设丙是小人，那么他们三人中最多只能有一个小人，甲和乙就只能是君子。既然甲是君子而他说丙是妖怪，那么丙就确实是妖怪了。

所以，甲肯定不是妖怪，你应该选他作旅伴。

第二问中，假设丙是小人，他的陈述就该是假的，因此三个人中至少有两个君子，也就是甲和乙必须都是君子。甲和乙都是君子，他俩都说真话，就变成他俩都是妖怪了，这和题设只有一个妖怪矛盾，所以，丙是君子。

既然丙是君子说的是真话，甲和乙就只能是小人了。既然甲和乙都在说假话，他俩就都不是妖怪了，所以妖怪必定是丙。由此可见，甲和乙是小人，丙是君子，妖怪是丙。

385．四种语言

甲会的是中文和日语；

乙会的是法语和中文；

丙会的就是英语和法语；

丁只会中文。

因为甲与丙、丙与丁不能直接交谈，又因为有一种语言4人中有3人都会，那么就应该是甲、乙、丁3人都会某一种语言。

因为丁不会日语，所以日语应该不是3人都会的语言。

甲会日语，但是没有人既会日语又会法语，那么甲不会法语，所以法语也不应该是3人都会的。

乙不会英语，英语也不应该是3人都会的。

那就只能是甲、乙、丙三人都会中文。

根据条件可知，甲会的是中文和日语，丁会中文。

甲和丙不能直接交流，那么丙会的就是英语和法语。

乙可以和丙直接交流，乙不会英语，那乙就应该会法语。

所以，乙会的就是法语和中文。

386．亲戚关系

选项A是真的。

从丙、丁的话入手，很容易就可以推出了。

戊→丁甲，姑姑和侄子侄女。

甲→丙，夫妻。

甲丙→乙，父母与儿子。

387．谁是哥哥

现在是上午，胖的是哥哥。

假设：现在是上午，那么哥哥说实话，也就是较胖的是哥哥。没有矛盾，成立。

假设：现在是下午，那么弟弟说实话，而两个人都说我是哥哥，显然弟弟在说谎话，所以矛盾。

388．谁及格了

老大、老四和老五考试没及格，说假话；老二和老三考试及格，说真话。

从老五的话入手，老大承认过他考试没及格，这句话一定是假话。因为如果老大考试没及格，他不会说自己考试没及格；如果老大考试及格，他也不会承认自己考试没及格。所以老五说的是假话，老五考试没及格，老三考试及格。

说实话的老三说："老四说过，我们兄弟五个都考试及格。"说明老四考试没及格。

老四说："老大和老二都考试没及格。"说明老大和老二中至少有一个考试及格的。

老大说："老三说过，我的四个兄弟中，只有一个考试没及格。"现在已经确定老三说实话，而且老四、老五考试都没及格，所以老大说的是假话，老大考试没及格，而老二考试及格。

389．女儿的谎言

（1）假设小女儿的话是假的，那么小女儿吃的苹果少于大女儿，大女儿就只吃了1个，这是矛盾的。所以，小女儿的话是真的，小女儿吃的苹果大于或等于大女儿，大女儿吃的苹果不可能是1个。

（2）假设二女儿的话是假的，二女儿吃的苹果少于小女儿，小女儿吃了2个，所以二女儿就吃了1个。那么，大女儿的话就是假的，而且必须是大女儿吃的苹果少于二女儿，这与（1）矛盾。所以，二女儿的话是真的，二女儿吃的苹果大于或等于小女儿，小女儿吃的苹果不可能是2个。

根据（1）、（2）可知，可能性有以下几种：

（3）大女儿2个、小女儿3个、二女儿3个。

（4）大女儿3个、小女儿3个、二女儿3个。

在（4）的情况下，大女儿和二女儿是同样的，但是，大女儿又撒了谎，这是不可能的。

所以，（3）是正确答案，即大女儿吃了2个、二女儿3个、小女儿3个。

390．三人聚会

李四说的是真的。

证明：如果张三说的是真的，那么李四说的是假的，王五说的是真的，张三说的是假的，矛盾。

如果李四说的是真的，那么王五说的是假的，张三李四中至少有一个说的是真的；若张三说的是真的，那么李四说的就是假的，矛盾；若张三说的是假的，那么李四说的是真的，成立。

如果王五说的是真的，那么张三李四说的都是假的，由张三说的是假的，可知李四说的是真的，矛盾。

所以李四说的是真的。

391．美丽的玫瑰花

因为4个人共得到10朵玫瑰花，如果：

乙＋丙＝5的话，丁＋甲＝5；

乙＋丙≠5的话，丁＋甲≠5；

所以，甲和丙或者是都说了实话，或者都撒了谎。

假设她们都说了实话，甲≠2，丙≠2。由于丙的发言是真实的，丁≠3。

假设乙的话是真的（乙≠2），由于丙＋丁＝5，可得乙＋甲＝5，丁的话是假的，所以丁＝2，丙＝3，甲的话就变成假的了。

因此，乙的话是假的，乙＝2。由于乙＋甲≠4，所以丁的话是假的，丁＝2。

由于甲的话是真的，所以丙＝3，那么，丙＋丁＝5，就成了乙有2朵却又说了真话，这是自相矛盾的。

由此推知，前面的假设是不成立的。

她们都撒了谎，即甲＝2，丙＝2。由丙的发言（假的）可知，丁不等于3。

所以，乙的发言是假的，乙＝2，剩下的丁就是4。

她们各自得到的玫瑰花数量具体如下。

甲：2个；

乙：2个；

丙：2个；

丁：4个。

392. 谁是受害者

假设甲是受害者，那么丙的话虽然说的是受害者却又是真的，所以，甲不可能是受害者。

假设乙是受害者，那么甲和丁的发言虽然说的是受害者却又是真的。所以，乙不可能是受害者。

假设丁是受害者，那么乙的话说的是受害者却又是真的，所以丁不可能是受害者。

综上可知，丙就是受害者。

393. 真真假假

A说B叫真真，这样，无论A说的是真话还是假话都说明A不会是真真。因为他如果说的是真话，那么B是真真；如果他说的是假话，那么说假话的不会是真真。

而B说自己不是真真，如果是真话，那么B不是真真，如果是假话，那么说假话的B当然也不是真真。

由此可见，叫真真的只能是C了。

而C说B是真假，那么B一定就是真假了，所以A就只能是假假了。

394. 谁得到了奖金

是甲。

395. 参加活动的人

甲的话和丁的话是矛盾关系。这样的两个命题，必然一真一假，所以不正确的一定在甲和丁之间。又因为只有一句是不正确的，这就意味着乙和丙都是正确的。丙参加了，这就意味着丁（我们班所有同学都没有参加）是不正确的，而且乙也参加了。

396. 白色和黑色的纸片

假设戊说的是真话，"四片白纸片"，那么甲、乙、丙都该说真话，相互矛盾，即戊说的是假话，他头上是黑纸片。

假设乙说的是真话，"四片黑纸片"，那么甲、丙、丁头上也是黑纸片，乙头上是白纸片，而丙说的"三黑一白"就成了真话，相互矛盾，所以乙也说的是假话，头上是黑纸片。这样乙和戊两张黑纸片了，甲也就在说假话，是黑纸片。

如果丙说的"三黑一白"是假话，因为甲、乙、戊已经是黑了，那么丁就应该也是黑，这样乙说的"四黑"就成真话了，相互矛盾，所以丙说的真话，头上是白纸片。

丙说的"三黑一白"是真话，甲、乙、戊又都是黑纸片，所以丁是白纸片。

397. 谁打碎的花瓶

分别假设打碎花瓶的是其中的一人，作出推论，看是否符合要求就行。

如果打碎花瓶的是甲，那么甲和丙是对的。

如果打碎花瓶的是乙，那么甲、戊、丙说的是对的。

如果打碎花瓶的是丙，只有甲说的是对的。

如果打碎花瓶的是丁，那么甲、乙说的是对的。

如果打碎花瓶的是戊，那么甲、丁说的是对的。

所以打碎花瓶的只能是丙，甲说的话是对的。

398．谁是凶手

C是凶手。

如果说谎的是B的妻子，则右手边起顺序须为：A—C—D—B—A

如果说谎的是C的妻子，则右手边起顺序须为：A—C—B—D—A

如果D的妻子说谎，则D坐在A的对面，那么B的妻子也说谎了，不符合。D的妻子没说谎，那么D要么坐在A的左边，要么右边，不可能坐在A的对面，可以证明B的妻子不可能说谎。

所以是C的妻子说谎了。凶手就是C。

399．三人的供词

供词（2）和（4）之中至少有一条是实话。如果（2）和（4）都是实话，那就是汤姆作的案，这样，根据（7）判断（5）和（6）都是假话。但如果是汤姆作的案，（5）和（6）就不可能都是假话，因此，汤姆并没有作案，于是，（2）和（4）中只有一条是实话。

根据（8）判断（1）、（3）和（5）中不可能只有一条是实话。而根据（7），现在（1）、（3）和（5）中最多只能有一条是实话，因此（1）、（3）和（5）都是假话，只有（6）是另外的一条真实供词了。

由于（6）是实话，所以确实是计算机高手作的案。还由于：根据前面的推理，汤姆没有作案；（3）是假话，即约翰不是计算机高手；（1）是假话，即吉姆是计算机高手。从而，（4）是实话，（2）是假话，而结论是：是吉姆作的案。

400．谁杀害了医生

四个人的话显示，A、C离开时医生已死，B、D到达时医生还活着，所以B、D应该比A、C先去的医生家。由B不是第二个，C不是第三个可以知道四个人的顺序是B、D、A、C，而从D的第一句话知道他不是凶手，所以凶手是C。

401．骗子公司

经理是骗子，全公司共有36人。

全公司的人都围在餐桌旁吃饭，并且都说左边的人是骗子，也就是说骗子说自己左边的人是骗子，骗子的左边必为老实人；老实人说自己的左边是骗子，那老实人的左边就是骗子。所以一定是老实人和骗子交叉着坐的，那么公司里的人数就应该是偶数，因此秘书的话就应该是对的，公司里共有36人，经理是个骗子。

402．女排，女篮

甲对乙说："你是女排队员。"如果乙是女排队员，那么甲说了真话，甲和乙同队，甲也是女排队员；如果乙是女篮，甲说了假话，甲和乙异队，甲是女排队员。所以由甲说的这句话可以推出，甲肯定是女排队员。

因为戊对甲说："你和丙都不是女排队员。"戊说假话，所以戊是女篮。

丁对戊说："你和乙都是女排队员。"丁说假话，丁是女排。

丙对丁说："你和乙都是女篮队员。"丙说假话，丙是女篮。

乙对丙说："你和丁都是女排队员。"乙说假话，乙是女排。

403．问的人是谁

解这道题的关键信息是：路人听了回答后就知道真正的答案了。

我们把两个村民叫作甲和乙，并假定回答问题的人是甲。如果甲的回答为"是"，那么可能甲是君子而真心答"是"，也可能甲是小人而假意答"是"，这样路人是没办法知道正确答案的，所以甲的回答肯定是"否"。

假设甲是君子，他答"否"就不是真话了，所以甲是小人。既然他答的"否"是假话，那么至少有一个君子在场，因此，甲是小人，乙是君子。

参 考 文 献

[1] 黎娜.哈佛给学生做的 1 500 个思维游戏 [M].北京：华文出版社，2009.
[2] 黎娜，于海娣.全世界优等生都在做的 2 000 个思维游戏 [M].北京：华文出版社，2010.